BASIC ERFOLGSMANAGEMENT

Das macht Sinn
Faire Antworten –
Mut Machen Macher

Herausgeber & Autoren:
Andrea Brenner und
Bernhard Wolf

Verlag:
basic erfolgsmanagement, Pfarrkirchen
www.basic-erfolgsmanagement.de
Alle Rechte vorbehalten

ISBN 978-3-944987-28-6

Druck:
Die Grasdruckerei –
gedruckt auf Graspapier

Lektorat:
Josef Nöhmaier, Susanne Wagner

Koordination und Organisation:
Medienbüro Susanne Wagner, Pfarrkirchen

Umschlaggestaltung, Layout/Satz:
Michaela Adler, Pfarrkirchen

Bildrechte:
Coverfoto: © Adobe Stock – cat_arch_angel / marcoemilio
Vorwort: © Gunnar Menzel (Sven Hannawald) / TRAVEL CHARME,
© Theresia Berger, Präsenzfotografie (Andrea Brenner/Bernhard Wolf),
© ALM e.V. (Cornelia Wanke), © Corwin von Kuhwede (Matthias Durst)
© Stadtwerke München SWM, © Ramona Pielenhofer (Dr. Marie-Luise Meinhold)
© Privat (Ursula, Mock, Christian Bremm, Markus Hahnel)
©Josefine Unterhauser, Sascha Bartel - SashMedia, Michael Müller
(Maria und Rudolf Finsterwalder)

Made in Germany

Wir widmen dieses Buch unseren fünf großartigen Kindern und zukünftigen Enkelkindern – einer/eine ist bereits unterwegs. Damit sie, wie wir in einer lebenswerten Welt auf diesem Planeten sein und aufwachsen können, haben wir unser Projekt entwickelt und werden diesen Weg auch in Zukunft weiter mit all unserer Kraft fortsetzen.
Zusammen mit unseren Coautoren gehen wir kleine Schritte für dieses große Ziel und hoffen auf viele Mutige und Nachahmer für eine enkeltaugliche Zukunft.

Vorwort

Ehrgeizig, fleißig, perfektionistisch
Sven Hannawald 08

„Macht Sinn" – ein Buch das Sinn macht!
Eva-Maria Popp 10

Kapitel 1

Das macht SINN

Andrea Brenner, Bernhard Wolf
Global denken – regional handeln – essen mit „mehr Wert" 13

Kapitel 2

Nachhaltig WOHNEN

Christian Bremm
Tinyhausen: klein wohnen – groß leben? 45

Kapitel 3

Nachhaltig DRUCKEN

Matthias Durst
Grün ist das Gras. Grün ist die Hoffnung.
Grasdruck, mehr Nachhaltigkeit geht nicht! 69

Kapitel 4

Nachhaltig LEBEN

Maria und Rudolf Finsterwalder
Das Vorzeigeprojekt Landlmühle – Dorf meets Urban 81

Inhalt

Kapitel 5
Nachhaltig ESSEN

Markus Hahnel
Zu Tisch besser iss das 113

Kapitel 6
Nachhaltiges KAPITAL

Dr. Marie-Luise Meinhold
Wie die Macht des Geldes die Welt
ein bisschen besser machen kann 149

Kapitel 7
Nachhaltig KLEIDEN

Ursula Mock
Über die Nachhaltigkeit in Textilien 167

Kapitel 8
Nachhaltig TRINKEN

Stadtwerke München,
Rainer List und Cornelia Schönhofer
Die Trinkwasserversorgung der Landeshauptstadt München 201

Kapitel 9
Nachhaltige GESUNDHEIT

Cornelia Wanke
Mentale Gesundheit 229

Adressen 242

Ehrgeizig, fleißig, perfektionistisch

– das sind nicht nur erfolgreiche Profisportler auf dem Weg an die Weltspitze. In der Wirtschaft verfolgen die besten Mitarbeiter und Führungskräfte mit Akribie und hohem persönlichem Aufwand ihre Karriereziele. „Auf die ist Verlass" oder „Der macht das schon" heißt es dann – und es klingt wie Lob und motiviert nicht selten zu noch höherem Arbeitspensum.
Während Leistungssportler nach Training und Wettkämpfen Pausen „verschrieben" bekommen, wird aktive Regeneration im Unternehmen den Mitarbeitern selbst überlassen. Am Wochenende und sogar im Urlaub ist man für die Kollegen in „dringenden Fällen" doch erreichbar, die Ferien sind selten stressfrei, Roaming erleichtert selbst unter Palmen den Stand-by-Modus. Abschalten? Ach wo!

Während der Akku im Handy immer wieder geladen wird, geht einem selbst „der Saft aus". Und wie es einem dann gehen kann, habe ich selbst erfahren: Der Ehrgeiz nach Erfolg und sportlicher Perfektion hatte auch mich gepackt. Doch meinen eigenen Ansprüchen hielt ich irgendwann nicht mehr stand. Wenn man die ersten drei Springen der Vierschanzentournee gewonnen hat, entsteht ein Riesenrummel, der Druck wächst, und die Erwartungen von außen steigen ins Unermessliche – das durchzustehen kann man vorher nicht trainieren. Im Februar 2004, während des Skisprung-Weltcups in Salt Lake City, merkte ich plötzlich, dass nichts mehr ging. Wenige Zeit später, im Urlaub, bin ich zusammengebrochen.

Vorwort

Heute ist mir klar: Es war nicht das Umfeld, das mich krank gemacht hat. Es war der Anspruch an mich selbst. Die psychische Krankheit Burnout hat mich viele Jahre meiner sportlichen Karriere gekostet.

Zu meiner Zeit waren die Symptome für Stress und Burnout noch weitgehend unbekannt. Heute ist das Wort medial überfrachtet. Burnout kennt jeder – und alle wissen: Die Zahl der Betroffenen wächst weiter.

Haben wir deshalb dazugelernt? Leider nein! Wir kennen und erkennen zwar die Symptome und wissen um die menschlichen und gesellschaftlichen Folgen dieser Erkrankung: Aber all das Wissen macht nur Sinn, wenn wir auch ins Handeln kommen: Unsere Gesellschaft braucht Menschen, die Mut zur Pause haben, die aus dem Hamsterrad aussteigen und zeigen, dass nicht der der Beste ist, der sich und alles aufgibt. Wir brauchen Menschen, die auf sich selbst und aufeinander achten, die Werte neu mit Leben füllen und zeigen: Nachhaltiger Erfolg – das geht nur im Einklang von Körper, Geist und Seele!

Sven Hannawald

„Macht Sinn"
ein Buch das Sinn macht!

Der Begriff Nachhaltigkeit ist ein viel gebrauchter aber auch oftmals missbrauchter Begriff. Zum ersten Mal wurde er 1987 im sogenannten Brundtland-Bericht der Vereinten Nationen benutzt. Als Brundtland-Bericht wird ein Bericht mit dem Titel „Unsere gemeinsame Zukunft" bezeichnet, den 1987 die Weltkommission für Umwelt und Entwicklung der Vereinten Nationen veröffentlichte. Als Namensgeberin diente die norwegische Ministerpräsidentin Gro Harlem Brundtland. Sie hatte den Vorsitz in dieser Kommission. Der Kernsatz und somit die Definition für Nachhaltigkeit in diesem Bericht lautet:

„Nachhaltige Entwicklung ist eine Entwicklung, die die Bedürfnisse der Gegenwart befriedigt, ohne zu riskieren, dass künftige Generationen ihre eigenen Bedürfnisse nicht befriedigen können."

Seither haben moderne Marketingstrategen die Nachhaltigkeit als Verkaufsbooster entdeckt und versuchen mit „green washing" dem ehrlichen und echten Bedürfnis eines Großteils der Menschen nach nachhaltiger Lebensweise und nachhaltig produzierten Produkten und Lebensmitteln entgegenzutreten.
Deshalb macht es Sinn, dass sich dieses Buch mit dem Begriff Nachhaltigkeit auf ganzheitliche Art und Weise beschäftigt und ihn von allen Seiten betrachtet.

Die Herausgeber*innen Andrea Brenner und Bernhard Wolf haben mit der Auswahl der Coautor*innen, die in diesem Buch zu Wort kommen eine bemerkenswerte Bandbreite an nachhaltigen Vorzeigeprojekten zusammengestellt. Dadurch wird deutlich, dass

Nachhaltigkeit das ganze Leben und viele Wirtschaftszweige betrifft, die man landläufig nicht auf den ersten Blick unter den Themenkomplex Nachhaltigkeit einstufen würde.

Ich bedanke mich bei Andrea Brenner und Bernhard Wolf ganz herzlich für ihr Engagement, das zu diesem Buch geführt hat und bei den Coautor*innen für den Einblick in deren nachhaltigen Projekte. Auf diese Weise ist ein sinnvolles Buch entstanden, das die Leser*innen sensibilisiert und auf eindrucksvolle Weise aufzeigt, wie leicht eine nachhaltige Lebensweise umzusetzen ist, wenn man das will.

Ich wünsche viele wertvolle Einsichten und hoffe, dass wir mit diesem Buch den Impuls für viele sinnvolle Projekte schaffen.

Eva-Maria Popp
Verlegerin

Eva-Maria Popp

Kapitel 1

Das macht SINN

Andrea Brenner – Bernhard Wolf

Andrea Brenner + Bernhard Wolf

Nachhaltigkeit ist für uns:

Wir leben und wirtschaften so, dass wir möglichst wertschätzend mit Mensch und Natur umgehen. Das heißt wir hinterfragen die Folgen unseres Tuns um auch zukünftigen Generationen eine lebenswerte Erde zu hinterlassen.

Warum ist unser Projekt nachhaltig?

Wir stehen für wertschätzenden Umgang mit Produzenten und faire Bezahlung, kurze Wege der Lebensmittel vom Produzenten zum Verbraucher und gegen Ausbeutung von Mensch und Umwelt im In- und Ausland.

Steckbrief

Was uns motiviert?

Wir schätzen und lieben hochwertige Lebensmittel, weil wir überzeugt sind, dass sie besser schmecken und gesünder sind. Und wir möchten zeigen, dass man sich mit ausschließlichem Einkauf von regionalen Lebensmitteln (80 km) perfekt ernähren kann und dies auch in der Gastronomie möglich ist.

Was raten wir anderen Unternehmern?

Hinterfragen Sie inwieweit der Unternehmenszweck auf Kosten anderer erreicht wird. Neues Unternehmertum erfordert Mut nicht nur den eigenen unternehmerischen Profit zu sehen, sondern auch den Faktor Gemeinwohl einzubeziehen.

Unser Tipp für Verbraucher:

Der Einkauf von gut erzeugten Lebensmitteln ist durch Werbeversprechen und Labeldschungel zunehmend schwierig. Lassen Sie sich nicht entmutigen, forschen Sie, hinterfragen Sie und unterstützen Sie kleine Projekte vor Ort, auch wenn es mehr Arbeit macht.

Unsere Ziele sind:

Mit unserem Konzept ein wirtschaftlich tragfähiges Leuchtturmprojekt zu schaffen um viele ähnliche Projekte zu inspirieren und zu fördern.

Global denken – regional handeln – essen mit „mehr Wert"

Die Herausgeber:

Woher wir kommen, wer wir sind und warum wir gemeinsam das tun, was wir tun

Andrea: Vor ziemlich genau 30 Jahren habe ich mein Diplom als Ernährungswissenschaftlerin erworben. Natürlich hat sich in dieser Zeit nicht nur einiges in der wissenschaftlichen Lehre geändert, sondern auch mein eigener Blickwinkel und Fokus. Anfangs war ich eine eher strenge Ernährungsberaterin, die auch vor der fachgerechten Ernährung ihrer Kinder nicht haltmachte und dabei schon zum ersten Mal an die Grenzen von Theorie und Praxis gestoßen ist.
Heute habe ich zu vielem, was im Studium als gut und als der Weg in die Zukunft galt, eine kritische Einstellung. Damit meine ich vor allem die landwirtschaftliche Produktion von Lebensmitteln bis hin zu ihrer industriellen Verarbeitung. Irgendwie steckte man uns Diplom-Ökotrophologinnen in die Schublade der alternativen Müslimamas, doch hatten die Inhalte in meinem naturwissenschaftlichen Studium eine durchaus starke Nähe zur Lebensmittelindustrie. Ökologischer Landbau und Lebensmittelproduktion waren natürlich ein Thema, aber es ging hauptsächlich um eine ausgewogene und gesunde Ernährung. Über die Herkunft und die Anbaubedingungen von Avocado & Co. hat sich damals kaum jemand Gedanken gemacht. Bei der Fleischproduktion und der damit verbundenen Tierhaltung schon eher. So habe auch ich im Laufe der Jahre und in den verschiedenen Lebensphasen natürlich

macht SINN

mein Denken und meine Überzeugung verändert oder neu justiert. Zunächst habe ich mich von der strengen Ernährungsberaterin hin zu einem Genuss- und Lebensgefühlscoach entwickelt. Vorschriften tun uns nicht gut und Ernährungspläne, die jeden Menschen gleichbehandeln, haben für mich in der Praxis irgendwann nicht mehr funktioniert.

Durch eine Nachhaltigkeitskonferenz mit den üblichen Häppchen vom Caterer ums Eck bin ich dann erstmals zum Nachdenken gekommen. Warum wurden hier Nachhaltigkeitspreise für Energieprojekte und Emissionseinsparungen verliehen, und beim Essen wurde dieser Aspekt völlig außer Acht gelassen?
Deshalb tauschte ich mich im Anschluss mit den Veranstaltern aus und die Idee eines nachhaltigen Verpflegungskonzepts für die nächste Veranstaltung wurde geboren.

Es war übrigens gar nicht so schwierig mit dem Caterer ein regionales Angebot zu schnüren. Dabei hat sich mir erstmals die Frage nach der Definition von nachhaltigen Lebensmitteln gestellt. Bei diesem ersten Projekt ging es zunächst schlicht nur um die gefahrenen Kilometer für jede einzelne Zutat. Das hat bedeutet, dass es zum Beispiel keinen Spezi von einer Münchener Brauerei gab, denn die Zutaten waren zu weit transportiert worden. Wir konnten dann letztlich Apfelsaft aus den Äpfeln des Klostergartens nebenan und Brot vom örtlichen Bäcker aus dem Mehl der nahegelegenen Mühle, die wiederum ihr Getreide aus dem Münchner Norden bezieht, anbieten. Die gefahrenen Kilometer der Zutaten wurden auf Schilder geschrieben und neben die Speisen am Buffet gestellt, womit das erste Projekt schon verwirklicht war. Im Laufe der Jahre hat mich dieses Thema allerdings einfach nicht mehr losgelassen und sowohl privat als auch beruflich wurde mir immer wichtiger zu hinterfragen: Wo kommt das Lebensmittel her? Unter welchen Bedingungen wurde es produziert? Welche Auswirkungen hat dies auf Mensch und Umwelt?

In dieser Zeit habe ich auch Bernhard kennengelernt, der nun mein Lebenspartner, Geschäftspartner, Buchpartner und Diskussionspartner ist. Eine wunderbare Fügung, dass er zudem Koch ist und damals sein eigenes Restaurant betrieb. Zwei Jahre haben wir dieses gemeinsam geführt und uns auch auf den gemeinsamen Weg begeben, meine nachhaltigen Ideen mit seinem Knowhow im Restaurant umzusetzen. Sei es nur, dass wir die Zutatenlisten auf den eingekauften Produkten näher unter die Lupe nahmen oder einfach bei der Käserei ums Eck direkt eingekauft haben.

Wir stellten uns immer häufiger die Frage nach der Sinnhaftigkeit der industriellen Lebensmittelverarbeitung, der Herkunft von Lebensmitteln, ihren Transportwegen und Produktionsbedingungen. Je tiefer wir einstiegen, desto stärker wurde mein wissenschaftlicher Forscherdrang geweckt. Für mich ist klar, dass Essen nicht nur unter dem gesundheitlichen Aspekt bewertet werden darf, sondern viel wichtiger unter dem ökologischen Aspekt.

Zudem bin ich sicher, dass unter diesen Voraussetzungen produzierte Lebensmittel eine positive Wirkung auf unseren Körper und unsere Gesundheit haben. Nur so erhält die gesamte Nahrungskette wieder die ihr gebührende Wertschätzung sowie die ökonomisch wichtige, regionale Wertschöpfung. Irgendwann waren wir an dem Punkt, dass uns der Horizont in dem alteingesessenen Restaurant für ein völlig neues Konzept zu eng war. Wir verabschiedeten uns deshalb von diesem Restaurant und entwickelten die Idee vom gemeinsamen Projekt „machtSINN".

Bernhard: Mein Wunsch war es schon immer, Koch zu werden, und für mich ist es nach wie vor der schönste Beruf der Welt. Es liegt immer an mir selbst, was ich aus dem mache, was die Natur mir schenkt und in fast keinem anderen Beruf bekommt man für seine Arbeit so unmittelbares Feedback – im Idealfall natürlich nur positives.

So begann ich mit einer klassischen Kochausbildung und begab mich dann auf die Wanderschaft. Diese Jahre brachten mich unter

macht SINN

anderem nach Berlin, Arosa, Klosters, Stockholm und schließlich auf das Traumschiff „MS Berlin". Schon damals war mein Motto: Du kannst überall etwas lernen und wenn es nur das ist, wie du es nicht machen willst. Im Jahr 1989 machte ich mich dann nach erfolgreicher Küchenmeisterprüfung selbstständig.
Zunächst knapp fünf Jahre mit einer „Dorfwirtschaft" und danach 23 Jahre mit einem schnuckligen Hotel inklusive Restaurant. Am Anfang dieser Zeit, als die „Nouvelle Cousine" ihre Hoch-Zeit hatte, war es noch trendig, mit den exotischsten Zutaten zu kochen. Im Laufe der Jahre – vermutlich auch dem Alter geschuldet – wurde mir die regionale Wertschöpfung immer wichtiger. Bereits in den neunziger Jahren habe ich zusammen mit zwölf weiteren Gastronomen und gemeinsam mit regionalen Erzeugern die Initiative „Bestes aus der Region" ins Leben gerufen. Dieses Konzept war damals der Zeit jedoch noch zu weit voraus, weswegen es auch leider wieder im Sande verlaufen ist. Für mich persönlich intensivierte es sich jedoch immer mehr.

Es musste allerdings erst Andrea in mein Leben treten, um es zu vervollkommnen. Wir wagten in unserem Hotelrestaurant den Schritt in ein konsequent regionales Gastrokonzept. Wir gingen dort schon so weit, dass wir zum Beispiel komplett auf Meeresfisch und Reis verzichteten. Ich denke, dass wir auch zu diesem Zeitpunkt unserer Zeit noch zu weit voraus waren und die Erwartungshaltung unserer Gäste noch eine andere war. Jetzt jedoch haben wir unsere Gedanken im „machtSINN" aus unserer Sicht nahezu perfektioniert und unsere Gäste sind immer voll des Lobes ob unseres Engagements. Das Konzept erklären wir ja nachfolgend. Mir ist jedoch besonders wichtig zu zeigen, dass es auch in der Gastronomie möglich ist, regional und folglich im Einklang mit den Jahreszeiten zu kochen. Weg von der ständigen Verfügbarkeit aller Lebensmittel, weg von starren Speisekarten, hin zu Kreativität, hin zu wechselnden Gerichten und zurück zur Achtung vor dem, was wir von der Natur geschenkt bekommen. Es ist eine sehr bereichernde Erfahrung, sich tatsächlich auf die Jahreszeiten einzulassen, und die Vorfreude auf die saisonalen Gerüche und Geschmäcker ist umso größer. Und um diese zu „konservieren", muss ja nicht jeder soweit gehen wie ich und zum Beispiel Kapern aus Kapuzinerkresse-Samen machen.

Da Essen für mich mittlerweile auch zu einem Politikum geworden ist, ist es für mich nur folgerichtig, dass ich mich der „Slow Food"-Bewegung angeschlossen habe. Als Mitglied der „Chef Alliance" trage ich Verantwortung dafür, wie wir in Zukunft unsere Esskultur gestalten, nämlich gut, sauber und fair.

Warum dieses Buch

Unser Projekt hatten wir „machtSINN" getauft, weil für uns ein Name wie „Regionalmarkt" oder „Heimatladen" zu wenig Bedeutung hat. Denn hinter unserem Konzept steckt so viel mehr als „nur" regionale Lebensmittel zu verkaufen bzw. zu verkochen. Wie im nächsten Kapitel näher beleuchtet, gehört für uns noch viel mehr dazu, wie zum Beispiel die Auswahl unserer Kassenzettel, Verpackungsmaterialen und Möbel. Bereits im Vorfeld der Eröffnung unseres Ladens haben wir ein großes Netzwerk aufgebaut und sehr viele Menschen und Initiativen kennengelernt, die alle ganz besondere Wege mit nachhaltigen Projekten gehen. Alle zusammen tun Dinge, die Sinn machen für uns und sicher auch für viele andere.

Die Tatsache, dass wir sehr viel zu unserem Tun und unserer Philosophie zu erzählen haben und es auch gerne in die Welt rufen möchten, hat uns bewogen, dieses Buch herauszugeben. Das Gleiche gilt für die vielen Projekte, die wir kennengelernt haben oder im Verlauf der Recherche für dieses Buch kennenlernen durften. Unser Wunsch ist es, diese zahlreichen Ideen beispielgebend für so viele andere Akteure und Startups in die Öffentlichkeit zu tragen. Es soll Mut machen durch die persönlichen Geschichten mit

macht SINN

all ihren Höhen und Tiefen, gemeinsame Kraft entwickeln und natürlich inspirieren, neue Wege zu gehen. Die Botschaft heißt: Wartet nicht auf morgen – traut Euch!!

Das Konzept von *macht* SINN

Wie wir schon anfangs in unserem Werdegang beschrieben haben, wollten wir für unser streng regionales Konzept auch einen anderen Rahmen finden als ein übliches Restaurant. Zudem hatten wir auch in Veranstaltungen rund um die Miesbacher Ökomodellregion die Idee aufgeschnappt, dass sich die Region einen „Bauernmarkt" wünscht, in dem die Verbraucher verschiedenste Produkte aus der Region einkaufen können, ohne stundenlang zu bestimmten Öffnungszeiten über Land zu fahren und ihren Einkauf einsammeln zu müssen. So war bereits die Idee für zwei Grundpfeiler geboren. Bereits im früheren Restaurant haben wir mit Produzenten Themenabende veranstaltet und uns in einer Nachbarlokation für Kochevents eingemietet. Auch das wollten wir gerne verfeinern und weiterführen, um vor allem auch zu zeigen, wie die regionalen, saisonalen Produkte verarbeitet werden können.

So entstanden die drei Grundpfeiler, die machtSINN tragen: Regionalladen I Bistro I Veranstaltungen/Kochschule.

Der SINN hinter *macht* SINN

Wie schon ausgeführt, liegen uns regionale Wertschöpfung, Transparenz, Nachhaltigkeit, Genuss und Innovation am Herzen. Wie können nun die drei Säulen in einen inhaltlichen wie auch räumlichen Guss gebracht werden?
Neben eigenen Ideen und Visionen haben wir uns auch einige Projekte angesehen, allerdings gibt es unseres Wissens nicht wirklich etwas Vergleichbares. Also wurde mit einer Bekannten im Brainstorming die Idee visualisiert und auch als Postkarte vervielfältigt.

Das hat bei der Suche nach der Räumlichkeit und der Vorstellung bei Verpächtern enorm geholfen.
Was dabei herauskam, ist das Einraumkonzept mit offener Küche, Laden und einem langen Tisch zum Essen und Feiern.

„All in one – ein Raum für alles"

Wir haben einen Ort gefunden und einen Raum geschaffen, an dem Menschen zusammenkommen, um zu essen, zu ratschen, sich auszutauschen, einzukaufen und Spaß zu haben. Mit Herz, Verstand und Begeisterung vereinen wir all das in unserem Markplatz und Treffpunkt. Im Zentrum stehen dabei unsere offene Küche und die lange Tafel. Wir möchten sowohl mit unseren Gästen ins Gespräch kommen als auch, dass unsere Gäste miteinander kommunizieren. Dabei unterscheiden wir uns vom üblichen Lokal durch das quasi „MUSS" des Zusammensetzens anstatt des Verweilens einzelner Personen an einzelnen Tischen. Handys sieht man daher bei uns eher selten. Einen weiteren Pluspunkt sehen wir vor allem auch für uns persönlich darin, dass wir ständig in Kontakt mit unseren Gästen sind und dadurch ein schon fast freundschaftliches Verhältnis zu ihnen haben. Für uns ist dies viel angenehmer, weil wir auf Augenhöhe mit dem Gast kommunizieren. Ein weiteres Plus stellt unsere offene Küche dar. Nicht nur, dass wir völlig transparent sind und jeder sehen kann, dass wir ausschließlich mit Produkten aus dem Laden kochen und alles selbst herstellen, sondern auch, dass jeder Gast direkt mit Bernhard sprechen kann, um die eine oder andere Änderung, Allergie oder Unverträglichkeit direkt zu besprechen.

Und das alles kombiniert mit unserem Laden, in dem es uns besonders wichtig ist, dass sich die Gäste wohlfühlen und Lust zum Verweilen und zum Eintauchen in unsere regionale Welt haben. Denn bei uns geht es nicht nur um Essen, Trinken und Einkaufen, sondern auch um die Themen drum herum.

macht SINN

Noch eine besondere Sache, die sich gerade zunehmend als perfekt erweist, ist die Möglichkeit, alle unsere Verkaufsregale durch Rollen im Raum je nach Bedarf zu bewegen. So sind viele Arten von Veranstaltungen möglich bis hin zu Konzerten oder Comedy-Dinnern.

Wir sprechen und erklären sehr viel, denn nur so ist es möglich, die Produkte vorzustellen und ihren Wert herauszustellen.

„Wert" – mit einem Wort ist viel gesagt

Als wir unsere Leitgedanken zu Papier gebracht haben, ist immer wieder dieses Wort in verschiedenen Wortkombinationen gefallen. Und wir finden, dass mit dieser Aufzählung und dem Wortspiel mit „wert" alles gesagt ist, was uns bewegt, denn all das macht SINN.

> Lebenswerte für alle Menschen – Gäste, Kunden, Lieferanten und Mitarbeiter
> Lebensmittel mit Wert – Nährwert, innerer Wert
> begeisterte Momente und Gaumenerlebnisse mit wertvollen Menschen
> Lebensmittel, die ihren Preis wert sind
> Wertschätzung für das Lebensmittel, Landwirt, Umwelt
> hochwertig

Prio 1 – Alles eine Frage der Haltung

Über allem steht die Regionalität und damit die Wertschöpfung aus der Region für die Region. Zugleich garantiert dieses Prinzip die höchstmögliche Transparenz über die Herkunft der Lebensmittel und deren Erzeugung. Denn je weiter der Ursprungsort eines Lebensmittels entfernt ist, desto weniger ist nachprüfbar, wie es erzeugt wurde. Gerade da wollen wir einhaken und anknüpfen. Wir nennen unser Konzept „radikal regional". Wir wissen genau, wo unsere Waren herstammen, wer sie wie produziert hat und wie lange ihr Transportweg war. Das Besondere daran: Wir meinen nicht nur die Produktionsstätte der Ware, sondern auch die Herkunft jeder verwendeten Zutat. Das zeigen wir durch unsere eigens kreierten Labels (Schaubild rechts).

Radikal regional bedeutet einen maximalen Herkunftsradius des gesamten Produkts von 60 Kilometern. Regional ist definiert mit 60 bis 80 Kilometer. Besonders gekennzeichnet sind die Waren aus zertifiziertem biologischen Anbau. Diese Labels finden Sie an unseren Regalen bei allen Produkten. So sehen Sie mit einem Blick alle wichtigen Eckdaten.

Zu einer nachhaltigen Lebensmittelproduktion gehört für uns natürlich auch, wie die Tiere gehalten werden, was sie fressen, wie sie im Krankheitsfall behandelt werden und ob Pflanzen ohne Pestizide, Fungizide und synthetische Düngemittel angebaut werden. Daraus ergibt sich für uns, dass unsere Produkte biologisch nach Naturland-, Bioland- oder sogar Demeter-Richtlinien produziert werden. Wir haben das große Glück, in einer der ersten Ökomodellregionen Bayerns zu leben. Auch die Tatsache, dass unsere Region Wassereinzugsgebiet für die Stadt München ist, trägt dazu bei, dass der Anteil von Biohöfen bei über 30 % liegt. Einige unserer Produzenten verzichten aus unterschiedlichen Gründen auf die Bio-Zertifizierung. Wir achten dann natürlich immer darauf, dass auch sie im oben genannten Sinne naturnah produzieren. Ein Beispiel dafür sind die vielen alten Apfelsorten von seit jeher ungespritzten Streuobstwiesen.

Unser Ansatz geht natürlich noch viel weiter, sozusagen ans „Eingemachte". Denn sobald aus den Grundzutaten verarbeitete Pro-

macht SINN

macht SINN auf einen Blick

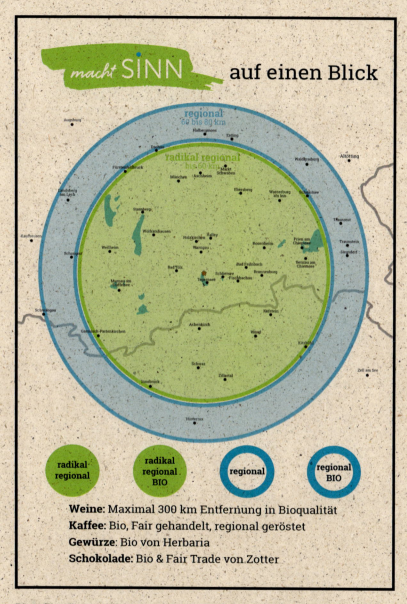

○ radikal regional   ○ radikal regional BIO   ○ regional   ○ regional BIO

Weine: Maximal 300 km Entfernung in Bioqualität
Kaffee: Bio, Fair gehandelt, regional geröstet
Gewürze: Bio von Herbaria
Schokolade: Bio & Fair Trade von Zotter

Diese Einteilungen sind auch auf unserer Homepage unter der Rubrik PARTNER auf einer interaktiven Karte ersichtlich und entsprechend verlinkt.

dukte entstehen, weiß der Verbraucher normalerweise nicht mehr, woher die Zutaten stammen. Zum Beispiel bei Tiefkühlprodukten oder Dosen – dabei müssen es nicht einmal komplette Fertiggerichte sein, sondern es beginnt bereits beim Tiefkühlspinat. Auch bei den Nudeln ist in aller Regel nicht mehr klar, wo Mehl und Eier herstammen.

Wir wollen bis ins Detail wissen, wo unsere „Lebensmittel" herstammen. Es gibt zwar eine Lebensmittelkennzeichnungsverordnung, die jedoch Dinge erlaubt, die in unseren Augen völlig unverständlich sind. So muss zum Beispiel bei purem Rindfleisch der Ort von Geburt, Aufzucht und Schlachtung angegeben werden, sobald es mariniert angeboten wird, entfällt dies komplett. Ebenso müssen die Haltungsform und Herkunft bei gekochten und gefärbten Eiern nicht angeben werden. Auf diesem Wege kommen sogar noch viele Eier aus Käfighaltung in den deutschen Handel, obwohl sie bei uns gesetzlich verboten ist. Auch dies ist ein Grund, warum wir uns bis ins tiefe Detail mit der Herkunft unser Lebensmittel beschäftigen und weshalb wir im Bistro nahezu alle Gerichte aus Einzelzutaten kochen. So wollen wir beim Mehl wissen, wo das Getreide herkommt oder beim Käse, wo die Milch herkommt. Uns reicht es also noch lange nicht, dass der Maracujasaft regional abgefüllt wird, wobei er mancherorts dann schon als regionales Lebensmittel bezeichnet wird. So wird an vielen Stellen mit Regionalität geworben, womit aber oft nur der Herstellungs- oder Abfüllort gemeint ist.

Unsere Grundprämisse:

Wir kaufen, verarbeiten und verkaufen nur Lebensmittel, bei deren Produktion wir möglichst wenig Schaden an Mensch, Natur und Umwelt anrichten. Natürlich können wir das nicht zu 100 % garantieren, weil wir nicht wissen, wie zum Beispiel die Glasflasche für unsere Biomilch produziert wird und wir natürlich auch trotz allem Transportwege überwinden müssen, die nicht CO_2-neutral bewäl-

macht SINN

tigt werden können. Da wir aufgrund dieses Anspruchs nicht von einem Großhändler beliefert werden können, sondern von über 50 Kleinproduzenten, ist es logistisch tatsächlich eine besondere Herausforderung. Ständig sind wir am Überlegen und Planen, wie wir die Fahrten zusammenlegen, verkürzen und optimieren können. Auch hier gibt es noch viel zu verbessern und auch immer wieder zu justieren.

Was wir mit unserer Grundprämisse meinen, ist, dass wir unsere Produzenten alle fair bezahlen, nicht im Preis drücken und wissen, dass sie und ihre Mitarbeiter durch ihre Arbeit nicht gesundheitlich durch Pestizide oder ähnliches geschädigt werden und ihre Arbeit für uns und unsere Natur wertgeschätzt wird. Sicher, im Vergleich zu den Produktionsbedingungen in vielen Ländern unserer Welt ein ganz klarer, nachhaltiger Aspekt. Als Beispiel seien hier nur das spanische Gemüse mit übermäßigem Pestizideinsatz, immensen Plastikwüsten, die Ausbeutung von afrikanischen Zwangsarbeitern oder die weltmarktbeherrschende chinesische Tomatenproduktion genannt.
Wir finden es unglaublich, wie weit weg wir hier in unserer industrialisierten Welt vom Ursprung unserer Lebensmittel sind, wenn wir die verpackten und verarbeiteten Produkte im Supermarkt kaufen. Hier sind selbst die bekannten Bilder aus den Ställen der Massentierhaltung oder der unmenschlichen Lebens- und Arbeitsbedingungen auf wundersame Weise wie ausgelöscht. Beim Einkaufen greift man dann halt doch lieber zu den blumigen Verpackungen, mit denen uns die Werbung geschickt ein heimeliges Landidyll vorgaukelt.

Dass ein solches zu den Supermarktpreisen überhaupt nicht möglich sein kann, wollen die meisten dann leider nicht mehr wissen. Wer anfängt, darüber nachzudenken, stellt nämlich fest, dass selbst bei einem unverarbeiteten Lebensmittel wie einer Kartoffel für 50 Cent pro Kilo irgendetwas schief läuft. Allein hier muss der Landwirt, das Transportunternehmen, das Verpackungsunternehmen und der Supermarkt irgendetwas verdienen. Vom Staat ganz zu schweigen. Fair ist hier nichts mehr. Das Ganze wird nur durch ein flächenbezogenes Subventionssystem aufrechterhalten. Je größer der Betrieb oder die Fläche, desto mehr Geld fließt. Es ist schon lange überfällig, das Subventionssystem grundlegend dahingehend zu verändern, eine nachhaltig arbeitende Landwirtschaft zu unterstützen.

So ganz kommen auch wir nicht aus ohne Ausnahmen und Gott sei Dank gibt es auch viele tolle Projekte in der weiteren Umgebung und im Ausland, die hervorragend arbeiten und die zum Teil auch von unseren Netzwerkpartnern unterstützt werden, indem sie die Produzenten besuchen, unterstützen und diese wiederum hier Absatzmärkte finden.

Unsere vier klar kommunizierten Ausnahmen sind:
1. Wein, ausschließlich von Bio-Familienbetrieben, aus einem maximalen Umkreis von 300 Kilometern.
2. Gewürze, ohne die es in der Küche nun mal nicht geht. Bezug in Bioqualität über einen lokalen Produzenten.
3. Kaffee von lokalen Röstern, die eine direkte Verbindung zu den Plantagen haben und direkt importieren. Zum Teil in Bioqualität.
4. Für die Süßen gibt's auch noch Schokolade: Die Firma Zotter geht weit darüber hinaus, was das Fairtrade-Label verlangt und verarbeitet ausschließlich „bean to bar".

Selbstverständlich kennen wir alle unsere Erzeuger persönlich und erzählen all unseren Kunden sehr gerne über unsere Begegnungen. Mit vielen sind richtige Freundschaften entstanden, obwohl wir sicher auch den einen oder anderen mit unserer Fragerei genervt haben. Sehr oft haben wir gehört: „Das wollte noch nie jemand wissen, aber eine interessante Frage." So fragen wir nach, welche Zutaten der Metzger zur Wurstherstellung mit dem

hochwertigen Biofleisch unserer Bauern verwendet und finden es sehr schade, wenn sich herausstellt, dass eine Würzmischung mit Glutamat verwendet wird. Letztlich hat unsere Neugier schon viele Verbesserungen auf den Weg gebracht und Denkanstöße gegeben. Mit großer Skepsis betrachteten uns unsere Partner, wie wir damit umgehen, dass nicht immer alles verfügbar ist. Bernhard als Koch macht es riesig Spaß und es fördert die Kreativität, mit immer neuen Situationen umzugehen. Auch unsere Kunden gehen wunderbar damit um. Wir teilen zum Beispiel Schlachttage vorab mit und nehmen Vorbestellungen entgegen.
Oft ist auch nur ein Tipp des Chefs nötig, um die eine durch die andere Zutat zu ersetzen. Grundsätzlich sind wir der Meinung, dass wir sowieso wieder weg müssen von der ständigen Verfügbarkeit von allem zu jeder Zeit. Geben Sie den Jahreszeiten eine Chance. Sie werden es nicht bereuen. Sie werden belohnt mit Vorfreude auf das Kommende und mit garantiert doppeltem Genuss.

Prio 2 – Über den Tellerrand hinaus – damit es Sinn macht

Wie schon im Text über unsere Personen beschrieben, gibt es viele Dinge, die uns bewegen, die nicht direkt mit der Lebensmittelproduktion zu tun haben. Wir haben allerdings für uns erkannt, dass wir immer tiefer eintauchen, und wie man so schön sagt, vom „Hölzchen aufs Stöckchen kommen."
Nicht zuletzt in den unzähligen Gesprächen mit diversen Netzwerkpartnern aus den verschiedensten Sparten. Auf jeden Fall war für uns schnell klar, dass wir auch im Laden möglichst ökologisch und regional aufgestellt sein wollen. So haben wir folgende Punkte berücksichtigt:

> **Einrichtung:**
Alle Regale im Laden und die Theke wurden vom heimischen Schreiner aus heimischen Hölzern gefertigt. Den großen Tisch haben wir aus alten Türen mit einer Glasplatte belegt selbst gebaut. Könnte man Upcycling nennen.

> **Reinigungs- und Waschmittel:**
von Bioherstellern. Beim Putzen sehr geringer Verbrauch durch Mikrofasertücher. Im Zuge der aktuellen Diskussion und den Erkenntnissen um Mikroplastik ein Punkt zum Nachdenken. Was ist ökologisch sinnvoller: wenig Putzmittel zu verwenden oder weniger Mikroplastikabrieb im Wasser? Beim Waschen unserer Kleidung experimentieren wir gerade mit verschiedensten Waschmitteln vom Baukastensystem über flüssige Ökowaschmittel, Fleckensprays – natürlich alles ohne Mikroplastik und möglichst umweltverträglich. Darauf hatten wir zu Beginn nicht so konsequent geachtet. Die Grenzen liegen hier bei Nutzung und Pflege der Gastrogeräte wie Kaffeemaschine, Kombidämpfer und Geschirrspülmaschine.

> **Arbeitskleidung:**
von Anfang an aus Biobaumwolle, Fairtrade, Bestickung vor Ort.

> **Kassenzettel:**
Kein giftiges Thermopapier, sondern Ökobon.

> **Servietten:**
FSC-zertifiziert, kompostierbar und bedruckt mit wasserlöslichen Farben ohne Lösungsmittel.

macht SINN

> **Geschirr und Gläser** aus bayerischer Produktion (Rosenthal und Schott). Besteck als Kompromiss aus Italien.

> **Verpackungsarm:**
Im Bistro können Gäste die Behälter selbst mitbringen oder erhalten nachhaltige Einwegverpackung aus kompostierbaren Materialien.
Im Laden „Nacktshoppen" bei Obst, Gemüse, Brot, Käse und Wurst aus der offenen Theke möglich. Verkauf von „Brezenbeuteln", genäht aus Stoffresten von einer heimischen Initiative zur Wiederverwendung für zukünftige Einkäufe.
Gegen die obligatorischen „Coffee to go"-Anfragen wehren wir uns erfolgreich. Die meisten der Nachfragenden konnten wir überreden, sich die Zeit zu einem gemütlichen Kaffee im Sitzen zu nehmen. Auch solche kleinen Erlebnisse sind für unser immer wieder schön und bestätigend!
Die von den Produzenten verpackten Produkte sollen möglichst wenig umweltbelastend sein. Geschenkkörbe derzeit aus waschbarem Papier zur Wiederverwendung für Utensilien aller Art. Von der Ökomodellregion werden den Kommunen zukünftig für die Geschenkkörbe an Jubilare Holzkisten (gefertigt in einer Behindertenwerkstätte) zur Verfügung gestellt, die wieder zurückgegeben werden sollen.

> **Einwickelpapier für Geschenke**
wird nur selten gebraucht. Meistens reichen ein schönes Wollband und ein getöpferter Anhänger oder es werden die Brezenbeutel verwendet. Wir verkaufen auch ökosoziales Geschenkpapier oder wickeln in Restpapiere der örtlichen Papierfabrik (gegen Gebühr) ein.

> **Verpackung der Eigenmarke**
in Weckgläsern aus bayerischer Fertigung im Pfandsystem. Einige Produkte wie Kekse oder Müsli im echten Zellglasbeutel, der aus Cellulose hergestellt ist.

> **Verkauf von Verpackungsmaterial**
wie Wachstücher für die Kunden zuhause.

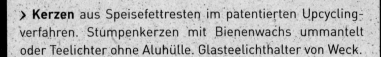

> **Ökostrom** von den E-Werken Tegernsee.

> **Kerzen** aus Speisefettresten im patentierten Upcyclingverfahren. Stumpenkerzen mit Bienenwachs ummantelt oder Teelichter ohne Aluhülle. Glasteelichthalter von Weck.

> **Picknicktaschen aus Upcyclingmaterial** haben wir zusammen mit der Initiative „Wirkstatt", die auch die Brezenbeutel näht, entwickelt. Sie werden im Sommer an die Kunden, bestückt mit ausschließlich Mehrwegbehältern, im Pfandsystem ausgegeben.

Dies ist unser derzeitiger Stand Anfang 2020. Sicherlich wird es noch viele Erweiterungen und Justierungen geben. Je nachdem, auf welche Thematiken wir stoßen und wer uns im Netz und im Netzwerk begegnet. Seit einigen Monaten dreht sich in der Öffentlichkeit zu Recht vieles um Plastik, Mikroplastik und was davon in der Umwelt und auch in unseren Lebensmitteln landet. Besonders die Umverpackung unserer hochwertigen Lebensmittel liegt uns persönlich sehr am Herzen und es ärgert uns, dass wir zum Beispiel bei den nötigen Vakuumierbeuteln für Fleisch noch keine Alternativen bzw. genaue Angaben zu den Inhaltsstoffen der Produkte auf dem Markt erhalten. Wir bleiben auf jeden Fall dran.

macht SINN

Was wir nicht hinbekommen: den hohen Energieverbrauch durch Kühlungen und zahlreiche Gastronomie-Geräte weiter zu minimieren. Außer einem Stromtarif aus Ökostrom können wir hier derzeit nichts beitragen. Zudem haben wir auch keinen Einfluss auf die Energieproduktion des Vermieters von Wasser und Heizung sowie auf die Wärmedämmung des Hauses. Der Idealfall wäre natürlich ein Passiv- oder Niedrigenergiehaus mit eigener Energiegewinnung.

Aufbau eines Netzwerks mit Produzenten, Gleichgesinnten und Unterstützern

Wie in fast allen Branchen, ist ein großes Netzwerk unabdingbar. Ganz besonders natürlich für ein solches Projekt, wie wir es hier beschreiben und verwirklicht haben. An erster Stelle beim Aufbau eines solchen Netzwerks stehen die potentiellen Lebensmittelproduzenten, die uns beliefern können. Dies ist ohne einen Laden oder ein bereits bestehendes Startprojekt durchaus nicht ganz so einfach. Sehr häufig begegnete uns Skepsis oder abwartende Zurückhaltung. Erst als wir dann einen Standort gefunden hatten, wurde es einfacher. Trotz allem gab es Produzenten, die erst einmal eine Zeitlang abgewartet haben und erst nach mehrmaligem Fragen bereit waren, uns zu beliefern. Es ist also nicht so, dass in diesem Bereich gleich alle mit dabei sind. Auch heute noch würden wir uns an manchen Stellen ein größeres Gefühl für das Miteinander wünschen.

Ebenso sind Gleichgesinnte, die dieselbe Sprache sprechen, für ein solches Projekt unabdingbar. Hier nennen wir nur ein paar, die uns von Anfang an begleitet und unterstützt haben. Zum Beispiel die Genussgemeinschaft Städter und Bauern München, Slow Food Deutschland (Chef Alliance), Kulturvision Holzkirchen, Wirkstatt Holzkirchen, Ökomodellregion Miesbach oder das Nachhaltigkeitsforum Chiemgau. Auch Veranstaltungen mit den Produzenten oder mit lokalen Akteuren wie Gärtnern, Künstlern, Buchautoren, Brauerei und vielen mehr fördern das Miteinander und den Erfolg. Es müssen auch Unterstützer, wie die Standortmarketinggesellschaft Miesbach, die uns Starthilfe durch Pressetermine und andere Aktivitäten wie Veranstaltungen in unserem Haus gegeben hat, aufgetan werden.

Diese Verbindungen sind natürlich keine Einbahnstraße, sondern müssen gelebt und gepflegt werden. Für uns ist das selbstverständlich, denn auch dies gehört für uns zu einem nachhaltigen Tun absolut dazu – auch wenn es neben all den anderen Tätigkeiten noch einen zusätzlichen Zeitaufwand bedeutet. Es kommt so viel zurück und es entstehen so viele wertvolle, energieliefernde Begegnungen mit tollen Menschen.
Gemeinsame Aktionen und Entwicklungen mit dem Netzwerk erweitern übrigens auch den eigenen Horizont und geben Impulse für das eigene Tun. So sind einige Projekte entstanden, bei denen wir uns mit unserem Knowhow oder mit Man- und Womanpower einbringen. Zum Beispiel beim Testessen in der Jury zum nachhaltigen Burger im Landkreis, dem „Miaschburger" und dessen Weiterentwicklung für die örtliche Gastronomie, mit Vorträgen beim Netzwerk über regionales Einkaufen oder die Begleitung von Aktionen für die Chef Alliance bei der Slow-Food-Messe in Stuttgart mit einem Kochkurs oder der Slowfish-Messe in Genua zum Thema Süßwasserfische.

Zugegeben, wir denken anfänglich schon manchmal: „Puh, wie kann das denn zeitlich funktionieren?" Ganz ehrlich, es geht immer! Auch Bernhard kann mittlerweile einfach mal ein paar Tage weg, obwohl er unser einziger Koch ist und wir nur zu dritt sind. Doch inzwischen hat sich gezeigt, dass es funktioniert. Bernhard kocht ein bisschen vor und Andrea kocht den Rest frei nach dem Motto „Frau wächst mit ihren Aufgaben." Denn wir haben dieses

macht SINN

Projekt gestartet, um nicht nur das Tagesgeschäft im Laden und Bistro zu stemmen, sondern auch rauszugehen und eben auch hier über den Tellerrand zu schauen. Ob eine Netzwerkveranstaltung abends in der Nähe oder auch mal Einsätze weiter weg – sie sind immer bereichernd und positiv. Diese Zeit fühlt sich für uns nicht nach Arbeitszeit an, denn wir fühlen, dass es Sinn macht. Auch dieses Buchprojekt gehört zu dieser Kategorie.

Marketing und Social Media

Nun stellt sich die Frage, wie all diese Informationen an den Kunden oder Gast gelangen. Selbstverständlich erzählen wir jedem, der in unseren Laden kommt, viel über unsere Produkte und Produzenten. Das hat natürlich Grenzen, vor allem auch zeitlich auf der Kundenseite, aber auch auf unserer Seite. Zudem müssen ja die Kunden auch erst mal in den Laden kommen. Wie locken wir sie also an? Allein unsere sehr präsente Lage an der Hauptstraße reicht da noch lange nicht aus.
Zunächst starteten wir im Vorfeld der Eröffnung mit einem professionellen Logo und einem Facebook-Auftritt. Bereits einige Wochen im Voraus haben wir unsere Fangemeinde aufgebaut und von der Schlüsselübergabe, der Einrichtung bis hin zu den Besuchen der Produzenten berichtet.
Kurz nach der Eröffnung ging dann unsere Webseite mit vielen Infos und einem professionellen, übersichtlichen Layout an den Start. Die Herausforderung dabei ist es, die Seite mit der Wochenspeisekarte und nicht zuletzt mit den aktuellen Öffnungszeiten und Terminen immer auf dem neuesten Stand zu halten.
Grundsätzlich sehen wir einen professionellen, aktuellen und transparenten Auftritt als absolutes Muss. Sehr schnell haben wir auch einen Auftritt auf Instagram gestartet, der zusammen mit Facebook ebenfalls regelmäßig bespielt werden muss. Hier ist es für uns nicht immer leicht, ein ausgewogenes Verhältnis von Werbeinhalten und sogenanntem Content zu liefern. Nachdem unser

Thema ja auch politisch und sozialkritisch ist, wollen wir uns auch hier mit Statements und Veröffentlichungen von Artikeln zu kritischen Themen positionieren und polarisieren. Zum Liefern von Inhalten mit Nutzen für den Kunden gehören auch kleine Filmchen aus der Küche von Bernhard mit Tipps und Tricks zum Beispiel über die Verarbeitung von unbekannten Gemüsesorten. Hier sind wir noch nicht so aufgestellt, wie wir es gerne möchten, was schlicht und einfach der verfügbaren Zeit geschuldet ist.

Natürlich ist es auch wichtig, sich in den sozialen Netzwerken mit den Fans oder Gleichgesinnten zu vernetzen. Vor allem auch Posts über und mit unseren Lieferanten und die entsprechenden Reposts bringen weitere Streuung. Zwar sind nicht alle Partner aktiv im Netz, aber die, die es sind, gilt es auch mit ins Boot zu holen und eventuell auch vorab die gemeinsame Strategie zu besprechen.
All das kostet auch Arbeitszeit und verursacht somit zusätzliche Kosten, ist aber einfach unabdingbar.
Was wir aber nicht tun, sind Anzeigenschaltungen in Zeitungen und ähnlichem. Hier sind schnell mal 1.000 Euro oder mehr fällig für eine nicht messbare Wirkung. Aufgrund unseres Netzwerks und einer ständigen Pflege unserer Kontakte haben wir es geschafft, auf vielen Wegen öffentlichkeitswirksame Einbindungen zu erhalten. Zum Beispiel durch unsere örtliche Tourismusorganisation und den damit verbundenen Möglichkeiten, in deren Flyern, auf der Webseite und mit Veranstaltungen vertreten zu sein. Auch wurde hier eine Empfehlung an eine örtliche Zeitschrift ausgesprochen, die in einem vierseitigen Artikel über uns mündete.
Hier noch ein paar Kontakte, Gruppen und Aktionsforen, in denen wir präsent sind und die unsere Angebote kostenfrei aktiv mit vermarkten. Über die Standortmarketinggesellschaft sind wir in der Willkommenstasche und bei der Aktion „Zu Gast in der Heimat" mit Gutscheinen dabei, im Unternehmerverband sind wir Mitglied und gehen gerne auf Veranstaltungen. Unsere Veranstaltungen werden beim Kreisbildungswerk, den Bioerlebnistagen, dem Tag

macht SINN

der Regionen und in vielen anderen kostenfreien Portalen gelistet. Über einen „alten" Netzwerkkontakt kam ein Filmdreh des Bayerischen Fernsehens zustande, da die Netzwerkerin die Anfrage selbst nicht bedienen konnte. Es zahlt sich immer aus, ein großes Netzwerk zu bauen und zu pflegen, auch wenn es einmal mehr Zeit kostet.

Auf Märkten und Veranstaltungen sind wir ebenfalls immer wieder einmal vertreten, auch wenn diese zeitlich und personell stets eine große Herausforderung darstellen. So bieten wir zum Beispiel „Flamm-Lachsforelle" auf den Märkten. Auch hier wollen wir unsere Idee praktisch und zum Anfassen bzw. Schmecken präsentieren. Die 100te Bratwurstsemmel funktioniert da nicht – das Angebot muss „merk-würdig" und authentisch sein.

All das bringen wir hier zu Papier, weil wir zeigen möchten, was alles dazugehört und dass man als Startup trotz der Euphorie, was die eigene Idee betrifft, nicht die Außendarstellung vergessen darf. Und damit meinen wir auch, dass man nicht zu bescheiden sein darf oder sich aufdringlich fühlen soll.

Denn es ist schon schwer genug, im Bereich der nachhaltigen Projekte mit guten Ideen Fuß zu fassen und wirtschaftlich zu überleben. Man darf und MUSS seine Arbeit auch nach außen tragen, um annähernd eine Überlebenschance zu haben.

Corinna Brenner verbringt einen erheblichen Teil ihrer Arbeitszeit in unserem Betrieb mit all diesen Themen. Vor allem die ständigen Aktualitäten im Internetzeitalter, innovative Ideen, moderne Auftritte und vieles mehr liegen sehr gut in ihren jungen Händen der Generation Y.

Herausforderungen

Trotz all dieser Aktivitäten geht es nicht nur glatt dahin. Das Konzept soll wirtschaftlich tragbar sein. Viele solcher Projekte laufen im Ehrenamt. Das kann nicht das Ziel sein! In unserem Fall liegt ein Problem auch im System der Subventionen in die industrielle

Lebensmittelproduktion. Dadurch sind Lebensmittel im Discounter viel zu günstig, weil die Folgekosten für Umwelt und Mensch sich nicht im Lebensmittelpreis niederschlagen. In unserem Konzept muss der Verbraucher die wahren Kosten für die Lebensmittelproduktion bezahlen und obendrauf natürlich noch über seine Steuergelder die Subventionen für die anderen.
Zudem bedeutet der Einkauf in unserem Laden auch Verzicht. – Verzicht auf Lebensmittel, die gerade nicht wachsen oder einfach mal nicht verfügbar sind.

Umgekehrt lieben es unsere Gäste, die oft eher unbekannten Lebensmittel in Bernhards Kreationen kennenzulernen. Das Bistro hat sich daher schon besser etabliert als der Laden.
Wir sind bekannt, haben nur gutes Feedback und tolle Mundpropaganda.

Um wirtschaftlich im schwarzen Bereich zu arbeiten, muss der Umsatz tatsächlich noch weiter steigen. Denn Nebenkosten wie Miete, Strom, Wasser, Personal, Kassensystem, Verpackungsmaterialien, Putzmittel, Gerätewartungen, Servietten und vieles mehr sind immens und die Marge relativ gering. Für jeden Unternehmer liegt natürlich hier der Knackpunkt, ist aber sicher im Bereich der nicht rein gewinnorientierten Branchen und Projekte die besondere Herausforderung. Von der Idee der Gemeinwohlökonomie sind wir begeistert, jedoch bei Bankengesprächen immer wieder ernüchtert. Wir fragen uns, warum Konzepte wie unseres keine Subventionen oder Starthilfe erhalten? Bisher haben wir noch keinen Fördertopf gefunden, der passen könnte. Daher sind wir gerade dabei, uns über ein Genussscheinmodell zu informieren und Gedanken zu machen.
Denn wir müssen nach zwei Jahren nochmals in ein anderes Objekt umziehen, was wiederum Kosten für Anpassung des Mobiliars, Lüftungs- und Beleuchtungstechnik verursacht. Die Herausforderung ist daher ganz klar die Geldbeschaffung, um die ersten

macht SINN

Jahre wirklich etwas entspannter durchzuhalten. Eine ganz andere große Herausforderung sehen wir bei der Verpackungsthematik. Grundsätzlich geht es natürlich darum, möglichst wenig verpackte Lebensmittel im Laden zu verkaufen. Doch die Frage ist, wo werden sie danach eingepackt und wo waren sie vorher verpackt? Lebensmittel kommen ja nicht vom Feld in den Kochtopf, sondern müssen zum Transport bzw. aus hygienischen Gründen verpackt werden.
Einige Hersteller verpacken bereits in Papier, doch ist das ökologisch auch nicht unbedenklich, oder es gibt die Papiertüten mit Sichtfenster. Dies bedeutet wiederum, dass die beiden Materialien eigentlich getrennt werden müssten. Und so weiter. Dieses Thema diskutieren wir auch immer wieder mit unseren Produzenten, die sich selbst viele Gedanken machen, wie sie ihr hochwertiges Produkt ökologisch verpacken können.

Bis vor einigen Monaten war hier „nur" das Thema der Müllvermeidung auf dem Schirm. Nun hat sich das Thema noch um eine weitere große Unbekannte erweitert. Auf einmal wurde nachgewiesen, dass Weichmacher und andere Stoffe auch aus den als lebensmittelecht deklarierten Verpackungen in die Lebensmittel übergehen. Ganz aktuell wurden einige Studien über deutliche Mengen Mikroplastik und Weichmacher im Blut sowohl von Kindern als auch Erwachsenen veröffentlicht.
Dies finden wir höchst alarmierend und wir fragen uns, wie wir unsere hochwertig erzeugten Produkte verpacken können, ohne dass diese „versaut" werden.
Bisher gibt es kaum befriedende Lösungen und Angaben für zum Beispiel Vakuumierfolien und Frischhaltefolien. Fleisch muss aus hygienischen und Haltbarkeitsgründen bei uns vakuumiert werden. Auf das Zeichen lebensmittelecht mit dem Messer- und Gabelsymbol können wir uns jedoch nicht mehr verlassen. Der eine oder andere Hersteller wirbt mit Bisphenol-A-frei. Aber was ist mit den anderen Stoffen?

Viele Fragen, denen wir in den nächsten Monaten auf den Grund gehen werden und für die wir hoffentlich eine Lösung finden, oder die Hersteller reagieren auf den Verbraucherdruck und können uns Alternativen anbieten.

Nur dann macht unser gesamtes Tun Sinn.

Zukunftsmusik zum Nachdenken und Handeln

> Nachhaltige Themen brauchen mehr Stimmen.
Essen und wohl auch alle anderen Projekte dieses Buchs sind politisch. Deshalb müssen wir alle laut werden und in der Öffentlichkeit unsere Meinungen und Expertisen kundtun. Ein Mittel hierfür sehen wir auch in diesem Buch und den daraus entstehenden Aktionen. Gemeinsam haben wir alle mehr Kraft, Gewicht und finden somit mehr Gehör. Die aktuelle Bewegung von „Fridays for future" zeigt dies nachdrücklich.

> Es geht dabei nicht nur um Landespolitik, sondern auch um Weltpolitik, wie dieses Beispiel zeigt: Eine Blüte der Subventionspolitik liegt zum Beispiel in der Unterstützung von Großkonzernen im Export von billigen Milchprodukten nach Afrika. Dabei werden die kleinbäuerlichen Strukturen dort zerstört, die wir vorher oder gleichzeitig mit Entwicklungshilfegeldern aufbauen, um Migration zu verhindern. Das macht doch ganz bestimmt keinen Sinn!!

macht SINN

> Wir wünschen uns Nachahmer und weitere Mutige, auch wenn das oben Erzählte natürlich viel Arbeit bedeutet. Andererseits möchten wir nichts anderes tun, weil es riesigen Spaß macht, eine sinnhafte Tätigkeit auszuüben, immer weiter einzutauchen, zu forschen und etwas zu bewegen. Wir hoffen, dass noch mehr Menschen eine sinnstiftende Tätigkeit einfordern.

> Wir hoffen auf ein Umdenken in der Politik hin zu einer transparenten Preisfindung ohne versteckte Umweltkosten, die wir über unsere Steuern finanzieren.

> Wir fordern ein Fach „Ernährung und Nachhaltigkeit", das Bestandteil der schulischen Bildung werden muss.

Das macht Sinn

Zum Abschluss möchten wir noch ein paar Fragen an Sie, liebe Leser*innen, richten, die wir mit diesem Buch gerne anstimmen möchten.

Was ist für mich genug?

....

....

....

Wie sieht für mich eine enkeltaugliche Zukunft aus?

....

....

....

Und schließen mit einem Fragen aufwerfenden Zitat von Albert Schweitzer aus dem Buch „Die Lehre der Ehrfurcht vor dem Leben". Die unmittelbarste Tatsache des Bewusstseins des Menschen lautet:

„Ich bin Leben, das leben will, inmitten von Leben, das leben will."

macht SINN

leben erleben TRÄUMEN
FUNKTIONIEREN NUR
wenn du es einfach machst
UM IM ALLTAG WIEDER ZU
FLIEGEN
nähre
deine Wurzeln
dahoam
isst
dahoam
GENUSS
LEIDENSCHAFT
LUST
EINFACH AUSSERGEWÖHNLICH
AUSSERGEWÖHNLICH EINFACH
IMITIERE NICHT
SEI AUTHENTISCH
WAHRES GLÜCK ENTSTEHT
DURCH TEILEN
ACHTSAMKEIT BEGINNT
DIREKT *hier*

Kapitel 2

Nachhaltig WOHNEN

Christian Bremm

Christian Bremm

Nachhaltigkeit ist für mich:

Alles was dazu führt, dass diese Welt mit und durch uns Menschen in Harmonie, Frieden und Unversehrtheit weiterexistieren und wieder heilen kann.

Warum ist mein Projekt nachhaltig?

Weil Bauen und Wohnen dabei eine entscheidende Rolle spielt.

Steckbrief

Was mich motiviert?

Veränderung sein und anpacken, statt zu fordern, jammern und verzweifeln. Neugierde, Kontakt und Austausch.

Was rate ich anderen Unternehmern?

... sich mit Gemeinwohlökonomie zu beschäftigen.

Mein Tipp für Verbraucher:

Öko kostet nicht die Welt. Nicht-Öko schon: *www.ökostattego.de* Alles was wir tun oder konsumieren hat Konsequenzen, alles was wir nicht tun ebenso. Damit wird letztlich wahre Politik gemacht und von uns tagtäglich gewählt. Bei Entscheidungen die Seite des „Gegenübers" einnehmen und dann entscheiden ob ich es dann auch so täte, kaufen würde oder vertreten könnte (z.B. bei der Frage ob ich ein Tierprodukt kaufe/ esse).

Meine Ziele sind:

Eine Welt des Miteinanders, Empathie und Liebe für alles Leben leben.

Tinyhausen: klein wohnen – groß leben?

Noch ein Werbetext für Tinyhäuser?

In aller Munde und doch sieht man sie so selten. Die kleinen Wägen oder feststehenden Minihäuser. Warum? Muss man, um Tiny zu hausen, im eigenen Minihaus wohnen oder gibt es da noch eine Reihe anderer Konzepte?
Manchmal steht so ein kleines Haus irgendwo, aber man kann doch da nicht einfach hingehen und fragen. Oder doch?

Immer mehr Menschen erkennen den Charme der bewussten Reduktion. Auf was eigentlich, auf das Wesentliche, das Notwendige, das Elementare, das Bezahlbare oder ist es doch viel mehr? Führt gerade dieser Ansatz nicht vielmehr zusammen, zu innerer Ruhe, zu Gemeinschaft und einem größeren Miteinander?

Das Tempo und der Umfang nehmen zu in dieser Welt, gefühlt wird alles schneller und exponentiell mehr. Nicht nur der Krempel, der sich anhäuft, genauso Information, Wissen, Angebote, Optionen aller Art. So vieles bekommt / braucht ständig unsere Aufmerksamkeit, muss gemacht oder noch erledigt werden, ständig wollen kleine und große Entscheidungen getroffen werden. Das ewige Grübeln rauscht wie eine ständige Gedankenflut so vor sich hin und wir nehmen es als gegeben. Oft lässt es uns nicht mal nachts in Ruhe. Es kommt uns schon so „normal" vor. Oder wir sind zu beschäftigt oder lenken uns beim Sport, im Internet oder mit Fernsehen ab, um es auszuhalten, abzuschalten, runterzukommen oder zu übertönen.

nachhaltig WOHNEN

Aber irgendwann kommt die Erkenntnis des großen WOZU – unser Satori-Moment. Dann beginnen wir uns die entscheidenden Fragen zu stellen. Der Beginn unserer „spirituellen" Reise und Entwicklung, dem Reinhören in uns selbst. Dann wird es interessant, denn Entschleunigung, Freiheit, Unabhängigkeit, Einfachheit, Verbundenheit und Miteinander, Freude im Geben und Teilen finden, Lebensgefühl usw. sind dann die Begriffe, die uns einfallen, umtreiben, immer mehr Bedeutung bekommen und gleichzeitig Antrieb werden.

Warum nicht aus diesem Kreislauf ausbrechen, unabhängig und frei werden, keine Gifte mehr kaufen und essen und sie so aus der Landwirtschaft und Welt vertreiben, sich mit ähnlich Denkenden zusammentun? Einen Großteil des Gehalts fürs Mieten oder „Status" ausgeben. In einer Wohnung leben, die gar nicht zu uns passt, alleine und abgekapselt sein, jahrzehntelang wertvolle Lebenszeit gegen Arbeitszeit tauschen, um den Ausgaben hinterher zu kommen. Um dann mit 65 endlich zu leben.
Häh??? Warum nicht jetzt schon? Warum nicht in den besten Jahren das Geschenk des Lebens leben, Zeit haben. Nicht nur im Jahresurlaub, sondern jeden Tag.
Wieviel Wohnraum braucht es, wo halte ich mich überhaupt (gerne) auf, was ist mir wichtig, wo fühle ich mich am wohlsten und geborgensten, braucht's das eigentlich, ist weniger nicht eigentlich viel mehr, wie viel weniger braucht man für genau dieses mehr. Bin ich lieber alleine oder tut es mir gut, mit anderen zusammen zu sein, zu teilen, mich auszutauschen? Egal ob als Single oder als Familie?

Was, nur 25m²? Das kann nicht gehen, oder nur, wenn man alleine ist. Oder ohne Kinder, das sind meist die spontanen Aussagen von Mitmenschen, die den Weg kreuzen und von einem der Tinys hören.

Oder: „in einer Lebensgemeinschaft leben, das könnte ich nicht."
Dabei gibt es da aber endlos viele Konstrukte und für jeden Wohngeschmack ist da eigentlich etwas dabei.

Das erste Tinyhaus ist knapp 11m² groß (klein) geworden und es ist einfach nur gemütlich und großzügig.

Schlicht, einfach und doch modern, gemütlich und komfortabel sollte es werden. Manchmal sind Gäste da und man sitzt zu sechst am Tisch und keiner will mehr gehen, weil es allen so gut geht. An nichts fehlt es da drin, wenn der kleine Holzofen mit sooo wenig Brennstoff wohlige Wärme liefert und hält, der Lehmputz an den Wänden sie locker bis in den nächsten Tag speichert, wenn sich die 2,5m Küchenzeile alles andere als nach einer Kochnische wie in einem Wohnwagen anfühlt und man auch zu 2. oder 3. richtig Spaß und Platz beim Kochen hat. Die moderne Dusche mit großformatigen Fliesen und viel Glas und auch eine ästhetische Komposttoilette ist drin. Oben auf dem Hochbett fühlt man sich einfach nur wohl und beschützt. Der Verzicht auf Chemie und Kunststoffe in der Architektur und die verbauten Materialien (diffusionsoffener Holzbau, Hanfdämmung, Lehmputz usw.) ergeben das besondere Lebens(raum)gefühl, der Mix mit ansprechenden Elementen und moderner Technik versprechen Wohnkomfort und ein heimeliges Wohlgefühl. Gar nicht soviel Technik braucht es dafür.

25m² „groß" ist es ein anderes Modell. Modell im wahrsten Sinne. Denn es soll als Einladung an Interessierte gelten, um sich alles in echt anzusehen und in sich reinzufühlen oder mal Probe zu wohnen. Technische Details wollen wir austesten, was funktioniert am besten und ist dennoch einfach, klein, bezahl- und haltbar-oder ökologisch vertretbar? Man glaubt es kaum, aber eine Heizung zu finden, die von ihrer Leistung her klein genug ist, um die wenigen Kubikmeter warm zu halten, ist eine echte Herausforderung. Mit einem Wärmebedarf von wenigen kWh am Tag, das

Schlicht, einfach und doch modern und komfortabel sollte es werden.

Ganze aber doch automatisiert und dem Zeitgeist entsprechend. Anders ist es beim Heizen mit Holz. Das ist einfach nur angenehm. Die thermische Masse des Lehms und die Steine um den Ofen haben die Nacht über auch bei eisigen Minusgraden draußen eine ausreichende Restwärme gehalten, damit man am Morgen gerne aufsteht. Aufstehen, um erst mal Feuer zu machen, wird zum „das will ich nicht mehr missen." Morgenritual, wo man das erste Mal Kontakt mit den Elementen und der Natur bekommt, wenn man draußen Holz holt oder es zumindest in die Hand nimmt und einem der vertraute Geruch in die Nase steigt.

Einen Topf mit frischem Wasser auf den Ofen gestellt, Kontakt und Wertschätzung für das nächste Element: Wasser. Zu 70% bestehen wir daraus und doch ist uns dessen Energie und Besonderheit so wenig bewusst und präsent, zu gewohnt kommt es bei uns einfach aus dem Hahn. Deshalb ist das erste Glas oder der Morgentee eine klare Sache und die Hydrierung unserer Zellen beginnt gleich frühmorgens, wo es eh am wichtigsten ist, um gut und gesund durch den Tag und letztlich durchs Leben zu kommen. Daneben steht der Topf, der über den Tag Wasser verdampft, um die Raumfeuchte in den wohligen und notwendigen Bereich von über 50% zu bringen. Die trockene Luft im Winter und das Heizen saugen sie aus unseren Wohnräumen und das tut uns nicht gut oder macht uns sogar krank. Wie von selbst erfährt man Verbindung mit allem, erlebt tiefe Wertschätzung für das sonst so Selbstverständliche. Es passiert einfach.

Weniger Haus, mehr Platz für die Natur ums Haus – ist ja klar.

Doch mehr noch. Wo das herkömmliche Haus meist von und für „außen" geplant ist: Die typisch deutsche korrekte Anordnung der Fenster und Türen, alles sieht von außen schön gleichmäßig

nachhaltig WOHNEN

aus. Anders beim Tinyhaus, da geht's um Dinge wie Raumgefühl, Funktionen, viel Licht, passive Wärme … Und was ist davon der Nebeneffekt, man hat viele Fenster, meist ein jedes anders, es entstehen trotz wenig verfügbarer Fläche individuelle Wohlfühlräume und -plätze, die sich gemütlich und doch geräumig anfühlen. Egal wo man ist, man hat fast das Gefühl, draußen zu sein und doch ist man behütet, im Warmen und in wohliger Sicherheit vor den Elementen. Gerade als ich das schreibe, schneit es um mich herum überall lockere Flocken vom Himmel. Ich sehe sie im 360 Grad-Modus und genieße das Schauspiel von meinem warmen Platz aus. Egal ob beim Kochen, beim Essen, im „Wohn"zimmer oder „Bett", irgendwie ist man immer ein bisschen draußen und mit der Natur verbunden. Vor allem im Sommer wenn alles offen ist. Man ist irgendwie so nah dran an dem Draußen.
Umso kuscheliger ist es dadurch drinnen oder umso mehr will man „auch" raus wie der Rest des Lebens, der da schon ist. Wenn du die Vögel oder Eichhörnchen am Futterhäuschen siehst, hältst du automatisch einen Moment inne und bist einfach nur im beobachtenden Moment.

Bleibt noch das Element Erde. Davon ist umso mehr ums Haus, je kleiner das Haus ist. Man hat den Garten und die Natur immer im Blick bzw. fühlt sich damit verbunden. Zu den essbaren Dingen die man sich angebaut hat, ist es nur ein paar Schritte. Blühflächen für Insekten, ein kleiner Teich, Totholzhecken, „wilde" Vegetation erschaffen Lebensraum und gemütliche Wohlfühlorte im Garten und die Möglichkeit und Fläche der Selbstversorgung mit allerlei Frischem und Gesundem.

Permakultur ist hier der Begriff, der gerne fällt. Das Beobachten und Nachahmen von natürlichen Ökosystemen und Kreisläufen, die Symbiose aus Lebensraum und dauerhaft nachhaltigem Nutzgarten und einer entsprechenden Lebensweise und -Philosophie. Eine ganz neue Welt tut sich auf, wenn man da hineintaucht. Einfach mal Permakultur und Namen wie Bill Mollison, Sepp Holzer oder Geoff Lawton googeln, Videos schauen und fasziniert sein. Wie einfach wäre es doch, die Welt im Kleinen für sich, sowie im Ganzen zu retten und wieder zu dem einzigartigen intakten Planeten zu machen, der sie ja nun ist, sie für die Zukunft fit zu machen - für die Menschen, für die Tiere und für die Natur.

Es werden keine Politiker oder Klimaziele sein, es werden die Menschen sein, die erkennen und die die kritische Masse und das Bewusstsein bilden, um – wenn überhaupt – den Turnaround zu schaffen.
Wir alle gehen jeden Tag an den Ladenkassen wählen. Unsere Nachfrage, unser Konsum oder was wir eben nicht konsumieren entscheidet über das Angebot. Das ist doch eigentlich wahre Demokratie und Politik. Was wir „Verbraucher" (im wahrsten Sinne) nicht mehr haben oder unterstützen wollen, kaufen wir einfach nicht mehr. In der der Folge wird auch keiner mehr etwas anbieten, wovon er weiß, dass er darauf sitzenbleibt. Ganz einfache Marktwirtschaft. Kauft der Kunde keine Gentechnik mehr, keine durch Agrargifte verseuchte Lebensmittel, sondern Bioprodukte, keine Tiere oder deren Produkte (v.a. die aus Massenhaltung, die Schlimmes erleben mussten), hinterfragt er plötzlich den ganzen Weg und die Zusammenhänge, ja was denn dann? Wir entscheiden mit unseren Gabeln - über unsere Gesundheit und genauso über die Zustände in der Welt. Wir setzen Kinder in die Welt, also müssen wir ihnen die Werte vorleben, vor- und mitgeben wie es gehen kann, dass alles besser wird und im Gleichgewicht ist, statt dass immer mehr Konsum und mehr Menschen das Gegenteil bewirken. Ganz nach dem Motto der Pfadfinder:

„Hinterlasse einen Ort immer in einem besseren Zustand als du ihn vorgefunden hast."

nachhaltig WOHNEN

Der Kopf will es einfach nicht wahrhaben: „Nicht mal 25 m²????" Man muss es einfach erleben und sehen. Selbst wenn man unmittelbar davorsteht, „geht" es noch nicht. Doch sobald man drin ist, wird einem schlagartig klar, was diejenigen meinen, die von diesem ansteckenden Virus schon infiziert sind.

Ein Nebeneffekt: das Haus wird so fast zum Passivhaus. Nach Süden orientiert fangen die großen Terassentüren und Fenster die Wintersonne ein, holen ihre Wärme ins Innere und verteilen sie „überall".

An den grauen Tagen erledigt das für uns der Holzofen oder auch die wassergeführte Wandheizung, deren Wärme durch Infrarotstrahlung sich auf unserem Körper wie Sonnenstrahlen anfühlt.

Ein Ansatz dieses Experiments ist es, sich einmal folgendes klarzumachen: Man nehme entweder im Kopf oder auf einem Blatt Papier den Grundriss seiner Wohnung oder seines Hauses. Dort trägst du ein, wo du dich wann und wie lange in 24 Stunden aufhältst, wo du dich am wohlsten fühlst, wo du sitzt, wenn andere dabei sind, wo für dich Gemütlichkeit ist, wo die Dinge sind, die ich tatsächlich benutze, was mich eigentlich jedes Mal stört, wenn ich es sehe, was jemand anders sehen oder fühlen würde, der zu Besuch kommt, was kostet Aufmerksamkeit, verursacht Gedankenkreisen oder Rauschen, was macht Arbeit, wo will ich schon gar nicht mehr hingehen, wieviel Quadratmeter von jedem Raum nutze ich wirklich ...

Aber es müssen ja nicht „nur" 25m² sein, 30, 40, 50 ..., alles möglich. Und immer noch überschaubar. Richtige Schlafzimmer werden dann möglich, ein geräumigeres Bad und ein zentraler offener Wohn-, Koch-, und Essbereich.

Dann kommt man ganz schnell in den Bereich, wo man wirklich alles hat und trotzdem alle Vorteile des Minihauses nutzen kann: Überschaubare Kosten, Entwurf nach den eigenen Wünschen,

ökologische und gesunde Baumaterialien, immer noch Mobilität (falls man das überhaupt braucht). Zwar nicht mal schnell auf einem Hänger zum Selbstumzug, aber als Schwertransport. Manche Hersteller bauen bis 4,5m Breite und z.B. über 14m Länge. Nicht zu vergessen, in fast allen dieser clever ausgetüftelten Häuser nutzt man so gut es geht die 2. Ebene und gewinnt nochmal viel Fläche.
Um mal kurz die volle Reizüberflutung und Stoff für Träume zu bekommen, muss ja jeder nur ins Netz gehen und „Tiny House" Bilder eingeben. Schier endlos scheinen die Beispiele mittlerweile zu sein und man ist erstaunt und beglückt, wie kreativ und innovativ unsere Mitmenschen doch so sind.

Steigende Immobilienpreise, wachsende Nachfrage und abnehmende Angebote, wohin soll und wird es führen? Bei uns in Oberbayern zu einem elitären Immobilienmarkt, wo man entweder reich ist oder erben muss, um so wohnen zu können wie die anderen oder überhaupt an Grund zu kommen. Selbst die Mieten sind ja schon kaum mehr zu zahlen. Bis über 20 Euro pro Quadratmeter in den Städten.

Muss es denn nun aber das eigene kleine Tiny Haus sein?

Ist das überhaupt die nachhaltigste Variante? Wo und für wen MACHT das SINN? Habe ich ein (kleines) Grundstück und möchte möglichst viel Natur um mich herum, ist es im Vergleich zum „großen" Haus sicher die bessere Variante.
Wirklich sinnvoll und ökologisch wird es ja erst dann, wenn möglichst wenig Material und Energieeinsatz (in der Herstellung wie im Unterhalt) zu möglichst viel Wohnraum für viele Menschen führt. Tiny hausen im großen Haus sozusagen oder auf einem Grundstück mit mehreren Anderen.

nachhaltig WOHNEN

Co-Housing ist so ein Konzept für ein erfolgreiches Lebensmodell aus Skandinavien. „Bofællesskaber" heißt das im Dänischen und bedeutet so viel wie „lebendige Gemeinschaft".

Menschen, die sich finden und zusammen so etwas planen, entwerfen und umsetzen. Mehrere Familien, Paare oder Singles kaufen oder pachten gemeinsam ein (großes) Grundstück. Darauf errichten sie mehrere kleine Wohnhäuser oder eben ein gemeinsames großes Wohnhaus. Jeder hat seinen privaten Bereich und gleichzeitig teilt man sich mehrere Gemeinschaftseinrichtungen (Wohn- und Aufenthaltsräume, Küche, Büro, Werkstatt, Keller) und das, was sonst jeder immer für sich kauft (Staubsauger, Küchengeräte, Waschmaschine, Trockner, Rasenmäher, Werkzeuge, Autos ...). Das Ganze eingebettet in einen nach ökologischen Grundsätzen geführten großen Gemüsegarten für die Selbstversorgung, Rückzugsräume oder Gemeinschaftsplätze, Spielplätze, Naturräume, Blühflächen, Nistplätze ..., was für ein Paradies für die heranwachsenden Kinder dieser Familien – und Erwachsene ebenso.

Ganze, sich selbstversorgende Dörfer könnten so entstehen und tun es Gott sei Dank auch. Ein Füreinander und Miteinander auf vielen Ebenen. Um bestehende Höfe gelegen oder als Modellprojekt in der Neugründung. Energiesparendes Bauen und Wohnen mit nachwachsenden Rohstoffen (z.B. Stroh), ökologisch-nachhaltige direkte Landwirtschaft, getragen durch die Bewohner oder als Solidarische Landwirtschaft (SoLaWi), wo man mit einem lokalen Bauern direkte Vereinbarungen trifft, gehören natürlich dazu. Ein Riesenthema für sich.

Ein lebendiges, über viele Jahre funktionierendes Beispiel: das Ökodorf Sieben Linden. www.siebenlinden.org
„Das Ökodorf Sieben Linden, gelegen in der Gemeinde Beetzendorf im Altmarkkreis Salzwedel, Sachsen-Anhalt, besteht seit

1997. Es hat das Ziel, gemeinschaftlich und ganzheitlich nachhaltige Lebensstile zu verwirklichen, die einen geringen ökologischen Fußabdruck mit hoher Lebensqualität verbinden. Die zurzeit 100 Erwachsenen und 40 Kinder und Jugendlichen Sieben Lindens leben in inzwischen elf Mehrfamilienhäusern (davon neun mit Strohballen gedämmt) und ca. 45 gut gedämmten Bauwagen (2017).
Das genossenschaftlich organisierte Dorf umfasst gut 100 Hektar Land; davon sind 64 Hektar Wald, sechs Hektar Bauland, 25 Hektar verpachtetes Ackerland und sechs Hektar Garten, die nachhaltig bewirtschaftet werden. Herzstück des Dorfes ist ein ökologisch ausgebauter alter Fachwerk-Hof, der auch die Gemeinschaftsräumlichkeiten und den Seminarbetrieb beherbergt. In den Gärten werden Obst und Gemüse für die Selbstversorgung mit Lebensmitteln angebaut. Komposttoiletten, eine Pflanzenkläranlage und Solarpaneele sorgen für kleinräumige Energie- und Materialkreisläufe." Am besten zu erleben im Rahmen eines der dort angebotenen Workshops zu allen möglichen Themen.
https://siebenlinden.org/de/seminare/2020-2/

Die aktuellste und umfangreichste Sammlung und Aufzählung von Lebensgemeinschaften aller Art in Europa findet sich im Eurotopia Verzeichnis. Es erscheint alle paar Jahre neu, zuletzt 2019. Zu bekommen unter *www.eurotopia.de*. Ein wahrer Augenöffner und wunderbar inspirierend. Auch weil einem beim Lesen klar wird, wie viele Optionen es da gibt und man sich im Kopf gar kein Bild machen kann, ob das zu einem passt, bevor man wirklich tiefer in diese Thematik eingestiegen ist.
Die entsprechende Organisation nennt sich Global Ecovillage Network. *https://www.gen-deutschland.de/*
„Das Global Ecovillage Network (GEN) wurde 1995 als Dachverband von Ökodörfern gegründet. Es unterstützt die Entstehung von experimentellen Siedlungen, die ihr soziales und ökologisches Umfeld nicht nur stabil halten, sondern es nachhaltig weiterentwickeln wollen. Ein Ökodorf ist eine Siedlung im menschengemä-

nachhaltig WOHNEN

ßen Maßstab, die durch Gemeinschaftsprozesse bewusst gestaltet wurde, um langfristige Nachhaltigkeit zu erreichen. Und unabhängig von politischer, kultureller und religiöser Herkunft, müssen alle vier Dimensionen der Nachhaltigkeit – das heißt Ökonomie, Ökologie, Soziales und Kultur – berücksichtigt werden, damit sich eine ganzheitlicher Lebensentwurf entwickeln kann.
GEN fördert die Bildung von Gemeinschaften und Solidarität als Kernelemente einer widerstandsfähigeren Gesellschaft. Teil unserer Vision ist die Entstehung eines vielfältigen und gemeinsamen Pools an Wissen für einen nachhaltigen Lebensstil."

Dann gibt es z.B. Essbare Städte, wie Andernach in Rheinland-Pfalz. „Die Essbare Stadt Andernach ist in ihrer Art einzigartig. Quer durch das gesamte Stadtgebiet können sich Besucherinnen und Besucher, Bürgerinnen und Bürger zunächst an den blühenden Nutzpflanzen erfreuen, die sie dann später, wenn alles reif ist, auch ernten dürfen. Überall in der Bäckerjungenstadt stößt man auf das Thema Essbare Stadt. Klicken Sie sich doch einfach durch die Galerie. Oder noch besser: Kommen Sie in Andernach vorbei und überzeugen Sie sich selbst, was öffentliche Grünflächen alles können..." Quelle: https://www.andernach.de/de/leben_in_andernach/es_startseite.html

Wie viele Wohnungen kennst du, die Charme und Charakter haben, wo natürliche Materialen verbaut wurden, wo ich nicht von x WLAN-Netzen, DECT Telefonen usw. der Nachbarn verstrahlt werde, wo es eine gleichgesinnte, achtsame, wertschätzende und gemeinnützige Nachbarschaft gibt ....?

Die Tiny House Siedlung:

In vieler Leute Munde, der ideale Platz, um sich diesen Traum von Freiheit und diesem Lebensgefühl zusammen mit Gleichgesinnten zu erfüllen.

Wie viele gibt es bisher bei uns in Deutschland und wo geht so was überhaupt? Wenige, sehr wenige. Aber sie kommen!
Wie z.B. Tiny House Village im Fichtelgebirge, das Erste in Deutschland – *https://www.tinyhousevillage.de*

Und woran liegt das?
Überall derselbe Grund. Baugrund – im Innenbereich meist unbezahlbar oder nicht mehr verfügbar. Im Außenbereich gibt es das große Problem mit Baurecht und ungünstiger politischer Landschaft. Kaum eine Stadt oder Gemeinde traut sich an dieses Thema heran. Aus Angst, einen Präzedenzfall zu schaffen. Aber letztlich geht es ja genau darum.

Es sind flächendeckend gute Beispiele und Vorbildprojekte nötig, um nicht nur den Entscheidungsträgern die Entscheidung viel leichter zu machen, sondern auch den Menschen.
Man muss so etwas anschauen, besuchen, erleben, erspüren und fühlen können um zu begreifen. Wir sind das alle nicht gewohnt, nicht so aufgewachsen. So viele haben alle möglichen Bilder oder Vorurteile im Kopf. Die Realität sieht aber ganz anders aus. An den Orten, die es teilweise seit Jahrzehnten gibt, da fühlt man sich sofort wohl, da kommt man an, da will man gar nicht mehr weg, da spürt man, dass hier was anders ist und dass das gut so ist.
Es ist irgendwie ein Teufelskreis. Das Angebot an entsprechenden „Gemeinschaftsprojekten" ist überschaubar gering. Entsprechend gering ist dadurch die Begeisterung und Information, das Interesse und die Nachfrage so etwas mal anzuschauen, sich damit auseinanderzusetzen und auf den Geschmack zu kommen. Wenn die Menschen nicht danach streben und mehr fordern, gibt es keinen Druck, das Angebot zu erhöhen, Bauregelungen zu treffen und entsprechende Flächen zur Verfügung zu stellen.
Überall wird von Alternativen im Wohnungsbau gesprochen, es ist deswegen an der Zeit, entsprechende Modellprojekte zu fördern und umzusetzen und die Hürden für die Realisierungen deutlich

nachhaltig WOHNEN

kleiner zu machen, Menschen die das interessiert zu unterstützen statt auszubremsen. So wie bisher, kann und wird es nicht auf Dauer weitergehen können. Zu hoch ist der Verbrauch von eigentlich Allem.

Einige Hersteller bieten mittlerweile Tinyhäuser in Kombination mit kleinen Pachtgrundstücken an. Das alles zu Preisen ab 45.000 Euro plus ca. 200 Euro für die monatliche Pacht. Das macht Hoffnung. Und Sinn. Jeder, der zu einem Amt oder einer Behörde geht und mit seinem Anliegen außerhalb des normalen baurechtlichen Ablaufs liegt, wird sehr, sehr schnell auf den Boden der Tatsachen und des Üblichen zurückgeholt. Oder manchmal auch nicht, denn auch in den Ämtern sitzen Menschen. Menschen denen es auch so geht, die das auch interessiert und gerne Veränderung sehen würden.

Noch braucht es entweder einen langen Atem oder Mut, es einfach zu tun und dann zu sehen, was passiert. Aber diese Grauzone ist nicht schön und im Nebel macht es keinen Spaß. Genauso wenig wie allein gegen Windmühlen anzukämpfen. Deswegen ist es so wichtig, diese Interessen zu bündeln und zusammenzuführen, sich zu vernetzen und sich gemeinsam aufzustellen.
Darum geht es auf *www.tinyhausen.de* – Aber dazu später mehr.

Wie sieht die Zukunft im Wohnungsbau aus?

Warum nicht einfach im städtischen Bereich nachverdichten, 20 - 50m² für ein Tiny, das passt in sehr viele Gärten und Grundstücke. Das Tiny Haus als Individuallösung! Und für wen? Na, für Singles, Paare, kleine Familien, einen Jugendlichen, der daheim bleiben will, aber aus dem Elternhaus raus möchte; die Oma, die kurze barriere- und treppenfreie Wege braucht; eine Pflegeperson für die Oma, die im Haus bleiben möchte, als Home-Office oder als Ferienhaus zur Vermietung für ein kleines passives Einkommen.

Wie baut man nun so ein Tiny House? Gibt es da klare „Gesetze"? Nein, vieles ist möglich. Mittlerweile gibt es eine Menge Hersteller, Firmen und Zimmereibetriebe, die so etwas anbieten. Was ist nun das Richtige für mich?

Die wichtigste Entscheidung: Auf Anhänger oder feststehend mobil? Mobil sein – muss ich das? Wie mobil muss ich sein? Die Bilder, die man im Kopf hat und meist mit TH verbindet, sind die Wägen auf Rädern. Jederzeit umziehen, wegfahren können, Lebensgefühl pur? Wie oft mache ich das?

Doch gibt es da 2 große Limits: Maße und v.a. Gewicht. Tinys auf Rädern sind aufgrund der Verkehrsordnung maximal 2,55m breit. Oder sie werden als Ladung mit Sondergenehmigung transportiert. Beim Gewicht ist man mit 3,5 Tonnen inkl. Hänger am Limit. Außer man greift wirklich tief in die Tasche und kauft einen Schwerlasthänger.
Es muss also leicht und kompromissbereit gebaut werden. Dünnerer Wandaufbau (schlechtere Dämmung), leichtere Materialien, ggf. unökologischere Baustoffe...
Die 2. Option: ohne Räder und doch mobil. Wie oft ziehe ich denn wirklich um? Die Investitionskosten für den Hänger liegen gleich mal bei 5000 Euro. Warum diese nicht lieber ins Haus selbst investieren und 1- oder 2-mal einen Umzug als Schwertransport bezahlen?

Das knapp 25m² Beispiel von oben mit seinen 3 x 8m wiegt ca. 10t, viel Holz und v.a. der Lehmputz sorgen nicht nur für ein wunderbares Raumklima und Wohngefühl im ganzen Jahr, verhindern Schimmelbildung durch optimale Feuchtigkeitsaufnahme, sondern liefern auch thermische Masse für ein ausgeglichenes Temperaturverhalten, evtl. in Kombination mit einer Wandheizung.
Ein wunderbarer Mix aus Natur, Tradition, solidem Bau, Komfort und modernen Wohnbedürfnissen. Es ist ein echtes Haus, gebaut,

nachhaltig WOHNEN

gedämmt mit Hanf und Holzfaser wie im klassischen Ständerbau mit hinterlüfteter Fassade, nur halt viel kleiner, aber sicher nicht mit weniger Wohngefühl.

Wie ist das eigentlich mit der Autarkie, wie notwendig oder sinnvoll ist das? Manche Hersteller bieten Tinys an mit allem drum und dran, Solaranlage, Wechselrichter, Pflanzenkläranlage, Trinkwasserbereitung, Pufferspeicher usw.
100.000 Euro sind da gleich mal weg. Alles gut und schön, wenn ich im Nirwana bin, wo es sonst nichts gibt. Dann geht es nicht anders. Allerdings lohnt es sich schon genau zu schauen, ob denn nicht die Autarkie und ganze Technik dahinter unterm Strich vielleicht doch mehr externe und ökologische Kosten verursacht, als ans Netz zu gehen für Wasser und Strom und nachhaltige Lieferanten zu wählen, bzw. sich in Form eines Wohnprojektes zusammenzuschließen.

Wie bereits erwähnt, elektromagnetische Felder und Strahlung. Ein großes Thema, von vielen NOCH unterschätzt oder sogar verlacht. Elektrosensibilität nimmt zu, es ist aber leider wie z.B. mit dem Rauchen, da hab ich auch nicht gleich Krebs oder eine kaputte Lunge, aber ich merke schon früh, dass das nicht gut sein kann, z. B. für die Haut, auch die Leistungsfähigkeit nimmt ab usw. So ist es auch mit der elektromagnetischen Strahlung, viele diffuse Symptome nehmen seit dem flächenhaften Ausbau Mitte der 90er Jahre zu. Entsprechende Erkrankungen manifestieren sich im Verlauf. Viel muss man nicht recherchieren, bis man realisiert was wir uns da antun und dass das was man uns als harmlos verkauft ganz arg nach hinten losgehen wird. Viele meiner Ärztekollegen, sowie Wissenschaftler sehen das ähnlich. Eine kurze Internet Recherche genügt.
Mobilfunk, Bluetooth, Wlan, DECT, Behördenfunk, Informationsdaten, Satelliten, ... und jetzt noch 5G mit einer Unzahl an Antennen mit sehr hohen Leistungen. Der Staat oder das Grundgesetz

auf Unversehrtheit schützt einen davor nicht, das muss man leider selber machen, nicht mitmachen und sich zum Widerstand organisieren. Im eigenen Umfeld geht es nirgends leichter und günstiger als im Tiny und eingeschränkten Umgang mit entsprechender Technik.

In der Natur sehen wir es ganz deutlich, massiv fallende Insektenpopulationen, weniger Vögel, sich verändernde Ökosysteme ... Sicherlich eine Kombination von vielen Faktoren wie Agrargifte, Gen-Technik, monokulturellem Landwirtschaften, Bodenverdichtung, zunehmender Strahlenbelastung. Das ist ja alles ein ganz anderes Thema und passt hier eigentlich gar nicht rein. Und doch lässt es sich im Tiny ganz gut aufgreifen. Eine Abschirmung für ein ganzes Wohnhaus kostet Unsummen, bei einem Tinyhaus ca. 1000 Euro. Zusätzlich habe ich Wahl des Standortes.

Lichtsmog, ein Thema, aber bis jetzt kaum bekannt. 50-60 mal in der Sekunde geht eine Glühbirne aufgrund der Wechselspannung an und aus. Nur flackert/ blitzt das so schnell, dass unser bewusstes Sehen alles über 30mal pro Sekunde nicht mitbekommt. Unser Gehirn und Organismus aber sehr wohl. Flimmerfreies Licht mit 12V Gleichstrom dagegen ist wie Sonnenlicht. Alles sehr leicht zu realisieren im Tiny.

www.tinyhausen.de

Tiny House Entwurf und Bau
Online Kartenprojekt
Wohnkonzept für LK Miesbach

Noch ist dieses Projekt in den Kinderschuhen und sucht kreative Mitgestalter. Um Dich / Euch zu finden gibt es u.a. auch diesen Buchartikel den Du gerade liest :-).

nachhaltig WOHNEN

Ziel und Sinn ist es von und für Menschen eine Online-Karte und Plattform zu gestalten, sie mit vielen Inhalten zu befüllen um sich dann gegenseitig zu finden:

> - Interessierte Menschen und Gleichgesinnte erreichen und zusammenbringen
> - Freundschaften und Nachbarschaften aufbauen
> - Wohnprojekte vorstellen und bzw. neue anstoßen (Interessierte, bestehende THs oder Gemeinschaften, Anbieter, Grundstücke oder Landwirte und Gemeinden finden)
> - Wo wird nachhaltige Landwirtschaft betrieben: Biobauern, Imker, Permakultur, ...
> - Regionale, ökologische Produkte, Restaurants, Läden und Firmen
> - Einkaufsgemeinschaften
> - Regionale Initiativen (gemeinsam Landwirtschaften, gegen 5G, ...)
> - Aufbau Datenbank um gleichzeitig viele zu erreichen, zu informieren und zu mobilisieren
> - Lokale Veranstaltungen kommunizieren

Das zentrale Element stellt eine interaktive, ständig wachsende Karte dar. Dort tragen sich immer mehr Menschen, Nachbarn, Gruppen, Firmen, Betriebe, Landwirte, Anbieter usw. selbst ein und stellen sich vor. Egal ob Sie etwas anbieten oder suchen. Dafür erstellt man zu einer vorgegebenen Kategorie einen Pin mit einer kurzen Beschreibung an der eigenen Adresse. So kann man von jedem Interessierten wahrgenommen und kontaktiert werden. Möchte ich z.B. in meiner Nachbarschaft oder näheren Umgebung von Menschen gefunden werden die sich auch vegetarisch oder vegan ernähren um gemeinsam zu kochen, essen, einzukaufen,

Freunde zu werden, suche ich nach Menschen die sich auch für ein Wohnprojekt interessieren, bin ich ein Landwirt mit einem geeigneten Grundstück, eine Gemeinde die sich outet eine Vorreiterrolle übernehmen zu wollen, ... trage ich mich einfach ein.

Damit das funktioniert, könnte man zum Beispiel einen Flyer für seine Region, Gemeinde oder Umgebung machen und an alle Haushalte verteilen. Oder einen Artikel in der Lokalzeitung platzieren. In der multimedialen Welt von heute und den sozialen Netzwerken gibt es sowieso grenzenlose Möglichkeiten.
Nachbarschaften, Freundschaften und Gemeinschaften entstehen im näheren Umkreis und die Idee wächst aus lauter kleinen Zellen zu etwas Größerem, Projekte ergeben sich, es bilden sich kritische Massen die gemeinsam für etwas auf- und eintreten können.

Diese Plattform aufzubauen und über alle möglichen Medien zu verbreiten, ist die Vision.
Jeder, der sich angesprochen fühlt und etwas beitragen kann und möchte, ist herzlich eingeladen sich einzubringen. Vielleicht gibt es auch den einen oder anderen Webdesigner, Influencer, Socialmediafreak, youtuber, ... für den „eco statt ego" SINN MACHT und der die Idee von www.tinyhausen.de mitentwickeln und zum Fruchten bringen möchte.
Diese Idee und Karte in Umlauf zu bringen und mit Leben zu füllen, ist die Aufgabe aller Interessierten und von denen, die hoffentlich gerade dieses Buch lesen. Dann könnte es richtig spannend werden.

Ebenso wenn es um die Realisation eines Modellprojektes bei uns im Landkreis Miesbach geht. Die Zeit ist reif, die Vorarbeit getan und wir freuen uns auf weitere Ideen, Anfragen, Anregungen, ...

Dieser kurze Text ist alles andere als eine vollständige Abhandlung zu den angeschnittenen Themen. Ein buntes Durcheinander eher :-). Vielmehr soll er Interesse wecken und dazu anregen, zu träumen, nachzudenken und -zufragen, aktiv zu werden, sich zu trauen und zum Austausch und Kontakt motivieren.

Was ist also der Weg? Kreativ und neugierig sein, am Ball bleiben, sich vernetzen, gemeinsam auftreten, Freunde finden und Menschen zusammenbringen die ähnlich ticken.
Nicht um Probleme zu wälzen, sondern im Miteinander mit Lebensfreude Lösungen zu leben. Darum geht's – Leben als ob es ein Morgen gäbe. Zusammen mit dem/n Menschen die es lebenswert und besonders machen.
Raus aus dem anerzogenen Mangelbewusstsein und rein in ein Bewusstsein der Fülle und in die bedingungslose Liebe. Dann kann das Universum reagieren. Nein, es muss und wird.

Das MACHT SINN.

Der wichtigste Mensch in meinem Leben hat mir vor einigen Jahren das unscheinbare Buch „Die Seele will frei sein" von Michael A. Singer geschenkt. Auch wenn ich dachte es verstanden zu haben, ist erst in den letzten Monaten so richtig bei mir angekommen was es dort zu lernen gab.
Dafür bin ich dir unendlich dankbar. Ich liebe dich heute, für immer und danach.

Kapitel 3

Matthias Durst

Matthias Durst

Nachhaltigkeit ist für mich:

Ressourcen schonen, nicht immer alles neu kaufen, sondern qualitativ hochwertige Produkte.

Warum ist mein Projekt nachhaltig?

Wir verwenden regionale Gräser zur Papierherstellung statt Holz auf häufig Äquator nahen Ländern wie Brasilien, Uruguay, Indonesien Bolivien, Peru oder Kolumbien.

Steckbrief

Was mich motiviert?

Etwas Gutes und sinnvolles für unsere Gesellschaft zu tun.

Was rate ich anderen Unternehmern?

Seid mutig und habt keine Angst vor Veränderungen.
Lust auf neues.

Mein Tipp für Verbraucher:

Lieber weniger aber hochwertige und langlebige Dinge/Produkte zu kaufen, möglichst auf tierische Produkte zu verzichten.

Meine Ziele sind:

Die Idee der nachhaltigen Graspapiere an die Menschheit zu teilen um das Abholzen und Roden unserer Wälder zu reduzieren.

Grün ist das Gras.

Grün ist die Hoffnung.
Grasdruck, mehr Nachhaltigkeit geht nicht!

Ein Projektportrait über Deutschlands erste Grasdruckerei von Eva-Maria Popp.

Grasdruck – noch nie gehört. Klingt sehr interessant.
Was ich vorwegnehmen kann: Das Gespräch, das ich mit Matthias Durst, einem der Gesellschafter der Grasdruckerei, für dieses Portrait geführt habe, hat mich zum überzeugten Fan gemacht.
Vor allem zeigt es, dass Nachhaltigkeit, Umweltschutz und der Einsatz für einen ressourcenschonenden Umgang mit Mutter Erde nichts – aber auch gar nichts – mit Verzicht zu tun haben müssen. Im Gegenteil, beim Thema Nachhaltigkeit geht es um Bewusstsein und intelligente Lösungen. So ist die Idee für Deutschlands erste Grasdruckerei entstanden.

Mit einer Bewusstseinsveränderung hat das Projekt Grasdruck bei Matthias Durst begonnen.
30 Jahre lang ist Matthias Durst seinem Beruf und seinem Geschäft mit der Produktion klassischer Druckerzeugnisse nachgegangen. Vor vier Jahren ist es bei ihm durch eine Lebenskrise zum großen Umdenken gekommen.

Matthias Durst ist aus dem Einheitstrott und der Tretmühle ausgestiegen. Er hat viel nachgedacht, hat sich Zeit genommen für sich und zum Beobachten, was um ihn herum vorgeht. Er hat gelernt zu visualisieren und vor allem die Einheit aus Geist, Körper und Seele

nachhaltig DRUCKEN

ernst zu nehmen. Das hat seine Vorstellungskraft geschärft, was ihn wiederum dazu bewegt hat, sehr differenziert auf seine Welt zu schauen. In der Folge hat er die Ernährung umgestellt und ist somit immer öfter auf den Begriff der Nachhaltigkeit gestoßen.

Über die vegane Ernährung ist Matthias Durst zum veganen Papier gekommen.

„Ja, veganes Papier gibt es", erzählt er mir. „Da im Leim, mit dem herkömmliches Papier gebunden wird, Gelatine enthalten ist, braucht es für Veganer alternative Papier- und Verpackungsformen. Ich war fasziniert von diesem Gedanken, der mich nicht mehr losgelassen hat. In der Nacht hatte ich die zündende Idee.
Am nächsten Tag war ich schon bei meiner Werbeagentur, um den Namen ‚Grasdruckerei' schützen zu lassen. Ich war überzeugt von meiner neuen Geschäftsidee. Der Erfolg hat mir bisher recht gegeben.
Mein Geschäftspartner ist sehr Social-Media-affin und so haben wir unsere neue Grasdruckerei sehr stark über diverse Social-Media-Kanäle positioniert. Auf diese Weise konnten wir schnell Fuß fassen, und parallel zum Druckgeschäft ist die Grasdruckerei unser zweites Standbein geworden.
Die Grasdruckerei funktioniert sehr stark als Storyteller. Deshalb bin ich mit meinem Camper unterwegs durch Deutschland. Ich besuche Messen, Kunden, Bürgermeister, um sie von der Idee des Grasdrucks zu überzeugen.

Verpackung aus Graspapier ist ein weiteres großes Thema.
Im Großen und Ganzem kauft man als ‚Otto Normal Verbraucher' jede Woche einen Einkaufswagen voller Plastik, verschwendet damit wertvolle Ressourcen und vermüllt Umwelt und Meere.
Deshalb liegt mir die Entwicklung von Verpackungsmethoden aus Graspapier sehr am Herzen.

Damit wir den Nachhaltigkeitsgedanken zu Ende spielen, spenden wir von der Grasdruckerei von jedem Auftrag, den wir abwickeln, einen Euro an eine Pflanzaktion in Yucatan. Diese kleine Summe entspricht dem Gegenwert eines Baumes.

Eine weitere Aktion, die wir durch unsere Öffentlichkeitsarbeiten unterstützen, ist das Bewerben der ‚gemeinen Silphie-Pflanze'.

Sie kommt ursprünglich aus Nordamerika.

Wenn sie in unseren Breiten angebaut wird, bietet sie den Insekten von April bis September Nahrung. Im Oktober wird sie gemäht. Aus dem Schnittgut wird Biogas produziert. Der Rest ist Abfall, aus dem eine unverletzliche Masse gemacht wird, die wiederum den Rohstoff für die Papierproduktion liefert.

Jede Silphie-Pflanze absorbiert viermal so viel CO_2, wie es Bäume können. Deshalb macht es Sinn, dass wir den Anbau dieser Korbblütlerpflanze in Bayern und Baden-Württemberg unterstützen.

Im ersten Jahr braucht die Pflanze etwas Support. Ab dem zweiten Jahr braucht sie keine Pflege mehr. Danach kann sie wachsen und 10 bis 15 Jahre kultiviert werden."

Egal ob aus Silphie oder Gras produziert – die Verwendung von Graspapier macht absolut Sinn.

Wissenswertes über Graspapier und Deutschlands erste Grasdruckerei:

Eine Idee revolutioniert seit kurzem die Papierherstellung – und wird dafür mit Innovations- und Umweltpreisen ausgezeichnet: Das Verfahren nutzt heimisches Gras als Rohstoff für die Herstellung von Papier und Kartonagen und setzt damit ein deutliches Zeichen gegen die Abholzung der Regenwälder zur Papiergewinnung. Als Deutschlands erste Graspapier-Druckerei sind wir in Stuttgart beheimatet und bieten eine umfassende Auswahl an Verpackungen und Druckerzeugnissen auf Grasbasis.

nachhaltig DRUCKEN

Der Papierbedarf steigt weltweit stetig an und führt zum Abbau wertvoller Holzressourcen in den Tropen, um die Nachfrage nach reinem Zellstoff zu befriedigen. In Indonesien werden zum Beispiel jedes Jahr Regenwälder abgeholzt, deren Fläche der Größe der Schweiz entsprechen. Lange Transportwege und chemische Weiterverarbeitung belasten zusätzlich das Klima. Demgegenüber überzeugt der natürliche Rohstoff Gras durch lokale Verfügbarkeit, umweltschonende Aufbereitung und vielseitige Einsatzmöglichkeiten. Daher arbeiten wir als deutschlandweit erste Druckerei mit rund um Stuttgart geerntetem Heu als Grundstoff für unsere Erzeugnisse aus Graspapier.

Vegan und klimaneutral auf Graspapier drucken

Als Deutschlands erste Grasdruckerei haben wir stets die Nachhaltigkeit unseres Tuns im Blick – wir möchten in jeglicher Hinsicht ökologisch drucken und haben uns deshalb auf eine umwelt- und ressourcenschonende Produktion spezialisiert. Dazu gehört ein verantwortungsvoller Umgang mit Rohstoffen für den Druck ebenso wie das Bestreben, klimaneutral zu drucken und den schädlichen CO_2-Ausstoß zu minimieren. Zudem setzen wir alles daran, zu 100 Prozent vegan zu drucken, indem wir zum Beispiel auf Gelatine oder andere Bindemittel tierischen Ursprungs verzichten. All das leben wir als umweltfreundliche Druckerei: aus Überzeugung, mit innovativen Materialien, durch nachhaltige Herstellungsprozesse – und mit Leidenschaft für gute Printprodukte in exzellenter Qualität.

Graspapier wird aus heimischen Wiesen gewonnen

Papier aus Grasfasern, welche aus heimischen Wiesen am Fuße der Alb gewonnen werden, bietet eine besonders nachhaltige Möglichkeit, ressourcen- und umweltschonend drucken zu lassen. Zudem überzeugt Graspapier, das wir von unserem Lieferanten

Creapaper beziehen, mit einem Anteil von rund 40 Prozent Grasfasern aber auch durch seine unverwechselbare hochwertige Optik. Beidseitig gestrichen ist es in Grammaturen von 85, 95, 110, 130, 150, 205, 250, 275, 300 g/m² erhältlich und kann somit für nahezu alle Drucksachen verwendet und auf Wunsch zudem mit weißer Farbe unterdruckt werden. Die einseitig weiße und einseitig grasfarbene Version eignet sich mit einer Grammatur von 390 g/m² zum Beispiel hervorragend für Umschläge und Mappen.

Botschaften nachhaltig kommunizieren

Durch die besondere Haptik, die einmalige Farbgebung des Papiers und dem Geruch nach frisch geerntetem Heu werden Produkte spürbar – und transportieren Botschaften nachhaltig, hochwertig und glaubhaft. Graspapier ist vielseitig einsetzbar, sowohl im Digital- als auch im Offsetdruck. Grafisches Papier aus Graspellets eignet sich hervorragend für hochwertige Broschüren, Geschäftsausstattungen, Flyer, Visitenkarten, Booklets oder Etiketten. Zahlreiche Weiterverarbeitungsmöglichkeiten machen das Produkt so einzigartig wie die Botschaft, die dahintersteht.

Umweltfreundlich hergestellt – verantwortungsvoll produziert

Frei von Chemikalien und ohne Zusatz von Trinkwasser aufbereitet, schont Papier aus natürlichen Graspellets die Umwelt bereits bei der Herstellung – bei gleichzeitig hoher Wirtschaftlichkeit und attraktiver Optik.
Lokale, regenerative Rohstoffe wie Grasfasern können bereits bis zu 60% den Einsatz von frischem Holzzellstoff ersetzen. Das sorgt für kurze Transportwege und minimiert nachhaltig den CO_2-Ausstoß. Auch arbeiten wir an unserem Standort Stuttgart ausschließlich mit Ökostrom aus erneuerbaren Energien. Dabei setzen wir

nachhaltig DRUCKEN

im gesamten Herstellungsprozess der Drucksachen auf tierfreie Materialien: Vom Papier über Druckfarben und Leim bis zur klimaneutralen Verpackung.

Lebensmittelechte Bioverpackung

Graspapier ist TÜV-geprüft sowie PEFC- und FSC-zertifiziert. Zudem lebensmittelecht sowie zu 100 Prozent vegan, ist es daher für Verpackungen in der Lebensmittelindustrie bestens geeignet. Gerade für ökologisch nachhaltige sowie gesunde Nahrungsmittel ist eine Bio-Verpackung aus Graskartonagen eine ideale Ergänzung. Hinzu kommen einzigartige Festigkeitswerte und eine außerordentliche Biegefestigkeit. Ob als Wellpappe oder Faltschachtel: Nach individuellen Anforderungen fertigen wir eine recycle- oder kompostierbare Verpackung aus Gras und Altpapier beziehungsweise Zellstoff, die funktionell und optisch überzeugt. Unsere nachhaltigen Verpackungen sind ohne Zusatz von Chemikalien hergestellt und auf dermatologische Verträglichkeit getestet.

Die Vorteile von Graspapier auf einen Blick.

> Ressourcenschonend
Der natürliche Rohstoff Gras wird aus heimischen Wiesen gewonnen, das minimiert den Verbrauch von wichtigen Primärressourcen wie Holz z.B. aus Regenwäldern.

> 50% weniger CO_2
Die Nutzung lokaler Rohstoffe erspart lange Transportwege. Das wiederum verringert CO_2-Emissionen um mindestens 50%.

❯ Umweltfreundlich
Die Aufbereitung der Graspellets zu Papier erfolgt rein mechanisch – ohne Wasser und ganz unter Verzicht von Chemikalien.

❯ Biologisch abbaubar
Graspellets sind Pellets aus Naturfasern, die biologisch abbaubar und zu 100% recyclingfähig sind. So werden wichtige Rohstoffe in den Wertstoffkreislauf zurückgeführt.

❯ Schadstofffrei
Papier aus Gras ist frei von Allergenen, getestet auf dermatologische Verträglichkeit und geeignet für den Einsatz im Lebensmittelbereich.

❯ Wirtschaftlich
Der Einsatz von Grasprodukten reduziert hohe Rohstoffkosten wichtiger Primär-Ressourcen, spart Wasser und senkt den Energieverbrauch.

❯ 100% vegan
Alle Materialien sind frei von tierischen Produkten. Der gesamte Herstellungsprozess erfolgt ausschließlich ohne tierische Produkte.

❯ Klimaneutral
Klimaneutral verpackt und versandt.

Kapitel 4

Nachhaltig LEBEN

Maria und Rudolf Finsterwalder

Maria und Rudolf Finsterwalder

Nachhaltigkeit ist für uns.

Nachhaltigkeit bedeutet für uns ein enkeltaugliches, ressourcenschonendes und Müll vermeidendes Leben und Arbeiten. Wichtig sind dabei geschlossene Kreisläufe und regionales Wirtschaften.

Warum ist unser Projekt nachhaltig?

Viele Nutzungen, die zu einem kompletten Leben gehören zu vereinen ist sehr nachhaltig. Es spart Zeit und Energie wenn regional gewirtschaftet wird und Wohnen und Arbeiten an einem Ort stattfinden.

Steckbrief

Was uns motiviert?

Für uns ist es ein tolles und motivierendes Erlebnis zu sehen, wie unser Dorf wächst und gedeiht und Menschen & Projekte zueinander finden. Es ist auch ein Glück mit gleichgesinnten, interessierten Menschen zusammen zu leben.

Was raten wir anderen Unternehmern?

Unser Rat ist sich nicht beirren zu lassen und an der eigenen Vision festzuhalten.

Unser Tipp für Verbraucher:

Den Verbrauchern raten wir sich selbst um eine nachhaltige und enkeltaugliche Lebensweise zu bemühen und sich gesund und bewusst zu ernähren.

Unsere Ziele sind:

Unser Ziel ist die Landlmühle weiter zu einem Dorf mit interessanten Menschen & Projekten zu entwickeln. Gerne würden wir ähnlichen Projekten helfen sich zu entwickeln.

Das Vorzeigeprojekt Landlmühle
Dorf meets Urban

Ein Kurzportrait von Eva-Maria Popp

Das Projekt Landlmühle vereinigt viele Einzelaktionen und Nachhaltigkeitsthemen innerhalb eines Gesamtprojekts.
Es gibt diverse Schlagwörter, die im Projekt Landlmühle eine Umsetzung finden. Von der „Stadtentwicklung im Kleinstformat" bis hin zu „Dorferneuerung", einem integrierten Sozialmanagementkonzept, modernen Produktionsmethoden, Sport und Spiel, Essen, Trinken, Einkaufen, Arbeiten und Wohnen, Kinder- und Seniorenbetreuung ...

Zum einen ist die Landlmühle ein Dorf inmitten der Natur, in dem man alles findet, was Menschen und Familien brauchen – allerdings durchaus mit großstädtischem Flair, wenn man sich die Bewohner, das Design und die Angebote anschaut.

Auch Rousseaus Anspruch „Zurück zur Natur" fällt mir ein, wenn ich durch die Landlmühle streife. Dort finden sich Menschen zusammen, die wieder zu einer ursprünglichen Lebensform zurück-

nachhaltig LEBEN

gefunden haben. Sie nehmen die Natur mit all ihren Anforderungen sehr ernst. Die Natur, ihr Schutz und ihr Erhalt stehen als Prämisse über allem. Das erhöht die Lebensqualität.

Das Projekt Landlmühle zeigt eindrucksvoll auf, dass Umweltschutz auch ohne erhobenen Zeigefinger und Verzicht funktioniert. Lebensfreude, Lebensqualität, das Leben in einer Gemeinschaft, das Leben in und mit der Natur für Mensch und Tier, ein entschleunigtes und ein selbstbestimmtes Leben stehen in der Landlmühle im Vordergrund.

Wenn sich Tradition und Moderne treffen entsteht ein „wohlschmeckender Mix", der das Leben ganzheitlich bereichert.

Mein Fazit:
Das Projekt Landlmühle ist ein Vorzeige- und Modellprojekt, das Impulse setzt für kreative Nachahmer.

Gemeinschaft

Das Dorf

„Zurück in die Zukunft" ist das Motto der Landlmühle. Zurück zu einem Dorf mit einem kompletten Angebot an Leben & Arbeiten, wie es vor einigen Generationen normal war, ist die Idee.

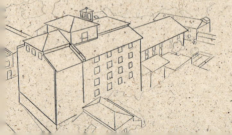

Maria & Rudolf Finsterwalder mit ihren Tieren

LANDLMÜHLE
Geschichte

 # VISION & WIRKLICHKEIT
Gesundheit & Nachhaltigkeit

DAS WIRTSHAUS
Treffpunkt & Oase

LANDNUTZUNG
Nahversorgung

 # WOHNEN & BETREUUNG
Leben in der Landlmühle

nachhaltig LEBEN

DAS DORF
Leben & Arbeiten in der Landlmühle

DIE KREATIVFABRIK
Businessnetzwerk Landlmühle

ENERGIE
Nachhaltiges Wirtschaften

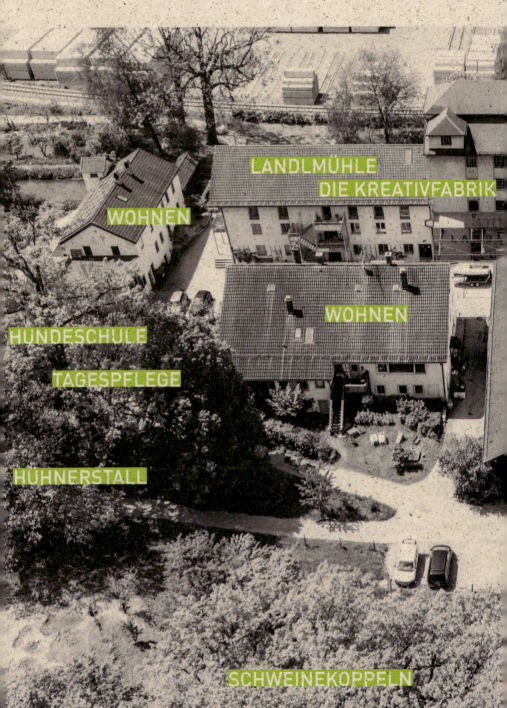

Ehemaliges Mühlengebäude, ca. 1930

Heute ein Ort für ein kreatives Miteinander

nachhaltig LEBEN

Landlmühle – Geschichte

Die Landlmühle ist ein Ortsteil der Gemeinde Stephanskirchen. Vor ca 50 Jahren war es ein weitgehend eigenständiges kleines Dorf mit vielen Nutzungen, das in den letzten 15 Jahren wieder zum Leben erweckt wurde.

Mitarbeiter der Mühle

Urkundlich wird die Landlmühle erstmals 1376 erwähnt. Seit 1869 befindet sie sich im Besitz der Familie Finsterwalder, die bis 1983 damit bis zu 30 t Mehl pro Tag vermahlen konnte. Zum Besitz gehörte eine Landwirtschaft, ein Sägewerk und ein Lebensmittelladen. Heute ist sie ein Ort für nachhaltiges Wohnen und Arbeiten, für Sport und eine gesunde Lebensweise. Das Wasser der Sims liefert auch heute noch die Energie für den Ort und viele weitere Haushalte. Auf dem Gelände verteilte alte Maschinen, Mühlsteine, Findlinge und Ähnliches erzählen, mit kleinen Schildern versehen, die Geschichte des Ortes.

Landlmühle ca. 1900 mit Bahnanschluss

Landlmühle ca. 1910

Ein Ausflug dorthin zur kostenlosen Besichtigung lohnt sich ebenso wie ein Spaziergang entlang der Sims vorbei an den Weiden mit Schweinen, Hühnern und Pferden.

nachhaltig LEBEN

2007 hat sich eine Kletterhalle angesiedelt, die auf einigen hundert Quadratmetern Fläche Klettern und Bouldern in attraktiven Out- und Indoorbereichen anbietet. 2017 hat sich das Ensemble um eine Biometzgerei mit Gaststätte erweitert, die nun das Zentrum des Dorfes bildet. Immer wieder kommen Neubauten hinzu und alte Gebäude werden renoviert und neu genutzt. Alt- und Neubau ergänzen sich auf wunderbare Weise zu einem spannenden und nachhaltigen Ganzen.

Das Wohnhaus ca. 1930

Smart Haus

Markt an der Landlmühle

Das Dorf
Leben & Arbeiten in der Landlmühle

Unsere Vision ist ein Dorf, in dem ein möglichst komplettes Leben abgebildet wird mit Wohnen, Arbeiten & Leben an einem Ort. Wir wollen eine Gemeinschaft schaffen, die möglichst in geschlossenen Kreisläufen arbeitet. Die Landlmühle könnte ein Modell für eine nachhaltige Entwicklung des ländlichen Raumes sein.

nachhaltig LEBEN

"Zurück in die Zukunft" ist das Motto der Landlmühle. Zurück zu einem Dorf mit einem kompletten Angebot an Leben & Arbeiten, wie es vor einigen Generationen noch normal war, ist die Idee.

Boulderhalle im alten Sägewerk

Kunstausstellung in der Sims Galerie

Ein Ort an dem ein ganzheitliches Leben stattfinden kann, Wohnen & Arbeiten an einem Ort. Fast alle Bewohner der Landlmühle arbeiten auch hier, oftmals als Selbständige in kleinen eigenen Unternehmen von denen viele auch hier gegründet wurden. Wir wollen kein Unternehmen mit vielen Angestellten leiten, sondern einen Ort schaffen an dem es die Möglichkeit für kleine Unternehmer gibt sich selbständig zu machen. Die vielfältigen Synergien befördern die einzelnen Unternehmen und führen zu überraschenden Ergebnissen.

Yoga im NaturLab

Vision & Wirklichkeit
Gesundheit & Nachhaltigkeit

Für den Erfolg einer Entwicklung ist es essentiell ein tragfähiges Konzept zu haben, das einem hilft den richtigen Weg zu gehen und der Unternehmung ein überzeugendes Profil zu geben.

nachhaltig LEBEN

2002 war unser Start in der Landlmühle. Wir hatten aus Berlin kommend die Vision von einer kreativen Enklave auf dem Lande. Leider hatten wir damit keinen Erfolg, wir blieben alleine.

Nachdem wir einige Erfahrungen gesammelt hatten & auch einige Nutzungen nicht bei uns haben wollten kamen die Betreiber der Kletterhalle auf uns zu und wir orientierten uns neu. Zusammen mit dem SimsLab, einem Yogazentrum, starteten wir 2007 mit der Umsetzung unseres Konzeptes zu einem nachhaltigen Ort. Dieser Fokus auf ein gesundes & nachhaltiges Leben bestimmt bis heute die Landlmühle.

Outdoor Klettern

Wichtig war die Initialzündung der beiden Startnutzungen, die den Grundstock für eine weitere Entwicklung bildeten. Viele der heutigen Gewerbetreibenden auf dem Gelände haben als Thema Gesundheit & nachhaltiges Leben.

Das Wirtshaus
Treffpunkt & Oase

Für das Leben im Dorf ist es wichtig ein Zentrum zu haben, einen Treffpunkt für Alle, die dort leben & arbeiten. Ein lebendiges Wirtshaus ist ideal dafür.

Simsseer Weidefleisch eG

Die Bio!metzgerei vereint alles unter einem Dach: Das Schlachten, die Zerlegung, die Verarbeitung bis hin zum Verkauf und der Verarbeitung im Salettl, dem zugehörigen Wirtshaus.

Salettl

Wie früher bei der Hausschlachtung wird das Fleisch mit der bewährten Warmfleisch-Technologie schlachtwarm verarbeitet. Dadurch kann auf viele Zusatzstoffe der industriellen Fleischproduktion verzichtet werden.
So entstehen hochwertigste und gesunde Lebensmittel zum Wohle aller Beteiligten.

Biergarten & Salettl

Biergarten vor dem Salettl

„From nose to tail" ist der Anspruch an die Produktion, möglichst nichts wird weggeworfen. So werden z.B. die Felle der Rinder gegerbt, manche Knochen werden als Münzteller im Laden verwendet.

Freitag ist Markttag

Betreiber der Unternehmung ist eine Genossenschaft. Jedermann kann sich über die Simsseer Verbraucher eG daran beteiligen und kann so dieses zukunftsweisende Projekt unterstützen.

Die Kreativfabrik
Businesswerkstatt Landlmühle

Um eine lebendige Gemeinschaft zu schaffen ist es wichtig kreative Menschen & Unternehmungen zu versammeln, ein Miteinander mit vielen positiven Synergieeffekten.

Die Betreiber der Landlmühle, Maria und Rudolf Finsterwalder haben für ihr Architekturbüro „FinsterwalderArchitekten" Räume in der Mühle ausgebaut. Das Büro, das sich auf Holzbauten spezialisiert hat zeichnet sich für alle Bauten auf dem Gelände verantwortlich.

Seit 2012 betreibt Maria Finsterwalder ein Zentrum für Gesundheit, Fitness und Entspannung für In-und Outdoor namens SimsLab &

Ausstellung in der Sims Galerie

nachhaltig LEBEN

NaturLab. Hier können verschiedene Yogakurse, Pilates, QiGong, Cantienica, Zumba, Tanz und vieles andere von Jung und Alt belegt werden. Dazu haben sich die SimsAteliers für kreatives Arbeiten, Therapiearbeiten und Massagen gesellt. Hier findet man Produktdesigner, eine Kleintierpraxis, Grafikdesigner, Ernährungsberatung und Vieles mehr.

Die ehemalige Kunstmühle bietet heute viel Raum für Kreative & Startups. Ca. 15 kleine und größere Gewerbetreibende bilden zusammen einen sehr spannenden Nutzungsmix mit vielen Synergien. Neben den vielen gewerblichen Nutzungen bietet die Landlmühle Wohnungen für Menschen, die gerne etwas anders leben möchten und sich von der wunderschönen angrenzenden Natur inspirieren lassen möchten.

Kreativ

Loftbüro *Gemeinschaftsfläche*

Landnutzung Nahversorgung

Zu einem ganzheitlichen Konzept gehört auch eine sinnvolle Nutzung der landwirtschaftlichen Flächen. Das Land liefert Lebensmittel und ist als Kulturlanschaft ein Naherholungsgebiet für die Menschen.

Maria und Rudolf Finsterwalder mit ihren Tieren

Die ca. 5 ha Weidefläche der Landlmühle werden als biologische Landwirtschaft genutzt. Ein Teil davon bietet 15 - 20 Weideschweinen Platz. Die haben ca. 1000 m² / Tier zum Leben. Ihr Statl hat keine Türe d.h. sie können jederzeit rein oder raus.

nachhaltig LEBEN

Sie leben auf Koppeln, die sie selbst „abernten" und dann auf die nächste Koppel weiterziehen auf der inzwischen wieder etwas nachgewachsen ist. Maschinen braucht man dazu nicht. Diese extensive Haltung ist für die Tiere ideal und für den Bauern sehr wenig Arbeit. Neben den Schweinen gibt es eine Hühnerhaltung mit Legehennen und einem Gockel.

Geplant ist des weiteren eine SoLawi, eine solidarische Landwirtschaft, die Obst & Gemüse in Permakultur anbauen will. Diese ist als Verein organisiert bei dem man Mitglied werden kann. Für einen monatlichen Fixbetrag erhält man wöchentlich einen Teil der Ernte. Wer will kann sich an der Arbeit beteiligen und selbst erleben wie das eigene Gemüse wächst.

Glückliche Weidetiere

Öldruckregler der alten Turbinenanlage

Energie
Nachhaltiges Wirtschaften

Energie ist eine der wichtigsten Komponenten für Entwicklung, wenn man sie selbst erzeugen kann ist das nachhaltig & auch wirtschaftlich sinnvoll und komplettiert die Idee der geschlossenen Kreisläufe.

nachhaltig LEBEN

Seit Gründung der Landlmühle vor ca. 700 Jahren liefert die Sims die saubere Energie für den Ort. Mit ca. 6 m Gefälle erzeugt die Wasserkraftanlage Strom für ca. 200 Haushalte.
Eine kleine Photovoltaikanlage erzeugt zusätzliche Energie.

Turbine heute

Für 2020 ist der Bau eines kleinen Blockkraftwerkes geplant, das Strom und Wärme liefern kann und den Energiemix komplettiert. In vielen Bereichen versuchen wir nachhaltig zu wirtschaften und geschlossene Kreisläufe zu erzeugen. So können z.B. Treibholz und Windbruch als Brennholz genutzt werden oder als nährstoffreiche Grundlage für Hügelbeete.

Der Dung der Tiere kann auch für den Kompost verwendet werden. Diese geschlossenen Kreisläufe sind uns wichtig, sie sparen Energie und Ressourcen, es wird weniger weggeworfen.

Ginger & Fred - Wohnen an der Landlmühle

Wohnen & Betreuung
Leben in der Landlmühle

Wenn Arbeiten & Wohnen an einem Ort stattfinden spart das Zeit und Ressourcen und ermöglicht ein organisches Leben. Es gibt kurze Wege und erspart den Bewohnern viel Zeit & Stress.

Ca. 40 Menschen bietet die Landlmühle auch Wohnraum. Die meisten von ihnen arbeiten auch hier, als Mitarbeiter oder als

Gemeinschaft in der Landlmühle

Selbständige. Die Wohnräume sind zum Teil renovierte Altbauten mit viel Charme oder von FinsterwalderArchitekten geplante Neubauten in ökologischer Holzbauweise.

Eine Tagesmutter in einem der Altbauten bietet Kinderbetreuung an. In einen alten Gewerbebau soll nach dem Umbau eine Tagespflege für Senioren einziehen. 20 Personen können dann hier den Tag verbringen und am vorhandenen Angebot der Landlmühle partizipieren. Junge & alte Menschen aus allen Generationen können hier leben und arbeiten.

Kapitel 5

Nachhaltig ESSEN

Markus Hahnel

Markus Hahnel

Nachhaltigkeit ist für mich:

Mich selbst, meinen eigenen Lebensstil, mein Umfeld und damit auch die Umwelt, immer wieder in den Kontext zu setzen.
Was brauche ich wirklich, was ist mir wichtig? Wie kann ich im großen Ganzen und in vielen kleinen Dingen die Welt etwas besser machen. Und das heißt auch – ohne selbst Kinder zu haben – eine Welt zu hinterlassen, die nachfolgenden Generationen noch vielfältige Chancen bietet.

Warum ist mein Projekt nachhaltig?

Die ökologische Landwirtschaft stärken und regionale Wertschöpfungsnetzwerke zu fördern, ist schon mal ein richtiger Weg. Durch das Gastronomieprojekt verwenden mehr Wirtinnen und Wirte Fleisch aus artgerechter Tierhaltung – und insgesamt wird weniger Fleisch konsumiert.

Steckbrief

Was mich motiviert?

Wir können vieles ändern, müssen es nur wollen. Und auf einem gemeinsamen Weg lernt jeder viel dazu und viele völlig verschiedene und interessante Menschen kennen.

Was rate ich anderen Unternehmern?

Immer wieder hinterfragen, was ist mir für mein Unternehmen wichtig, was wollte ich schon immer ändern oder umsetzen.
Und dann anfangen – nicht ohne Plan, aber einfach tun! Veränderung ist gut.

Mein Tipp für Verbraucher:

Im Restaurant fragen, wo's herkommt und wer die Lieferanten sind. Ein Riesenschnitzel für 9,90 Euro kann weder gut, noch nachhaltig sein, noch Tierwohl berücksichtigen.
Bewusst und lustvoll essen – mit Genuss, mit viel Zeit und lieben Menschen.

Meine Ziele sind:

Meine Begeisterung und mein Wissen weiterzugeben.
Dabei gibt es noch so viel Dinge, die ich selbst lernen und erfahren möchte. Und immer wieder kommt Neues hinzu.

Zu Tisch besser iss das

Vorstellung eines Projektansatzes, verstärkt Fleisch aus artgerechter Tierhaltung in der Gastronomie anzubieten.

Und für den richtigen Kontext eine kurze Geschichten des Essens, der Ernährung, des Fleischkonsums und der außer-Haus-Verpflegung.

Dieses Buchkapitel stellt ein Projekt vor, das sich zum Ziel gesetzt hat, Gäste, Gastronomen, Bäuerinnen und Bauern, Metzger und Verarbeiter aus der Region an einen Tisch zu bringen, um verstärkt Fleisch aus artgerechter Tierhaltung anzubieten. Darüber hinaus lebt das Projekt über engagierte Social Media-Kommunikation. Mit dem Schaffen einer neuen Plattform ist es nicht vorbei. Das Unterfangen ist vielmehr als ein gemeinsamer Weg mit gegenseitiger Unterstützung und langfristig angelegt.

Die Projektpartner legen außerdem Wert darauf, immer wieder den Kontext herzustellen und sogenanntes Halbwissen zu hinterfragen. Kein Überfordern mit einer Vielzahl vermeintlicher Fakten oder den üblichen Horrorbildern, aber immer wieder Hinweise geben und erklären, was und wie. Warum man bewusst etwas anders macht. Daher im vertiefenden Teil des Beitrags ein kleiner Diskurs zu Themen wie Landwirtschaft und Essen an sich. Was heißt eigentlich Bio, Fleischkonsum, und wie steht es mit gastronomischen Gegebenheiten?

Gestandenen Foodies ist vieles davon mehr als geläufig, doch es kann sicher auch für Neulinge interessant sein, jenseits von Hypes und Food-Trends in einzelne Themen tiefer einzusteigen und die Lektüre als Anstoß zu sehen, selbst weiter zu recherchieren.

nachhaltig ESSEN

Was ist das „Zu Tisch besser iss das"-Projekt?

Ziel des Projektes ist es, möglichst viele Münchner Gastronomen dafür zu gewinnen, verstärkt Fleisch aus artgerechter Tierhaltung anzubieten. Was heißt dabei artgerecht? Voraussetzung für die Teilnahme am Projekt ist das Angebot mindestens eines Fleischgerichts in Bio-Qualität und die Nennung der Lieferanten und Bezugsquellen.
Wissen, wo's herkommt! Diese Garantie ist gleichzeitig zweiter Baustein des Projekts. Direktvermarktende ökologische Landwirtschaftsbetriebe aus der Umgebung, Metzger und Verarbeiter sind weitere Teilnehmer, um Lieferbeziehungen und regionale Wirtschaftskreisläufe mit möglichst kurzen Wegen und ohne Zwischenhandel zu unterhalten. So entstehen persönliche Netzwerke, die weit über eine rein kommerzielle Verbindung hinausgehen. Das hat zusätzlich den Vorteil, dass die üblichen Preisaufschläge wegfallen, die sonst bei jeder Stufe eines Absatz- und Handelsweges dazukommen.

Die Stadt München als Teil des Biostädte-Netzwerks, das seit 2010 besteht, hat es sich zum Ziel gesetzt, den Ökolandbau zu fördern, die Nachfrage nach Biolebensmitteln mit kurzen Transportwegen zu erhöhen und die regionale Wertschöpfung zu stärken. Das Biostädte-Netzwerk versteht sich als offenes Angebot für Kommunen. Ein Ziel ist es, Bio-Lebensmitteln Vorrang bei öffentlichen Einrichtungen, Veranstaltungen und Märkten zu verschaffen. Die Biolebensmittel-Versorgung in Einrichtungen für Kinder und Jugendliche (Bio für Kinder), sowie in der Gemeinschaftsverpflegung (Kantinen, Betriebsrestaurants) sind besondere Schwerpunkte. Angesiedelt ist das Biostadt-Programm im Referat für Gesundheit und Umwelt (RGU).
In der Umsetzung arbeiten die entsprechenden Fachabteilungen des Referats mit verschiedenen externen Projektpartnern, Agen-

turen, Vereinen, Verbänden, den Ökomodellregionen, staatlichen Stellen und weiteren Initiativen der Zivilgesellschaft seit Jahren sehr erfolgreich zusammen.

ZU TISCH BESSER ISS DAS ist ein gemeinsames Projekt in Zusammenarbeit mit dem Verein Genussgemeinschaft Städter & Bauern e. V. Das Projekt fokussiert sich konkret auf die Münchner Gastronomie – mit allen Varianten der außer-Haus-Verpflegung: traditionelles bayerisches Wirtshaus, Snacking, Food Trucks, Imbiss, Lieferservice, Burger, Bio-Restaurants, Asia-Länderküche, Bowls und auch gehobene Restaurants.

Im Unterschied zur „klassischen Bio-Argumentationskette" stehen beim Kommunikationsansatz des ZU TISCH BESSER ISS DAS-Projekts der Tierwohlaspekt und der eigene aktive Beitrag durch eine bewusste Wahlentscheidung im Vordergrund. Als Genuss ohne Reue. Nicht der sonst eher vernunftgesteuerte Diskurs oder der gefühlte „erhobene Zeigefinger", sondern das Schaffen einer konkreten und partnerschaftlichen Angebots- und Nachfrage-Situation. Es hat sich gezeigt, dass die übliche Bio-Diskussion eher vernunftgesteuert geführt wird, wogegen der Begriff regional sehr emotional und positiv besetzt ist, obwohl mit letzterem in vielen Fällen wenig bis gar nichts ausgesagt oder garantiert wird.

Der Grundgedanke ist eine besonders niedrige Eintrittshürde. Die Erwartungshaltung und Teilnahmevoraussetzung für Gastronomen ist, mindestens ein Gericht nach den Projektkriterien zum Start anzubieten. Natürlich mit dem klaren Hintergedanken der Initiatoren, im Laufe der Zeit bei positivem Feedback und einer erfolgreich beschrittenen Lernkurve das Angebot im Projektsinn auszuweiten und auch eine Biozertifizierung anzustreben. Ein gemeinsamer Weg wird beschritten und der Netzwerkgedanke und Austausch innerhalb der Gastronomen-Community wird gepflegt. Projektbegleitend und fast genauso wichtig wie die Inhalte erfolgt

nachhaltig ESSEN

eine kontinuierliche, frische und begeisternde Kommunikation über Social Media-Kanäle.

Für eine neue Generation von Gastronomen und natürlich auch deren Gäste ist es mittlerweile völlig selbstverständlich und integrierter Teil ihres Tagesablaufs, ihre Angebote und die Geschichten dazu, direkt und zeitnah über soziale Medien zu verbreiten. Und das ohne große Marketingbudgets oder Werbeagenturen im Hintergrund. Selbstdarstellung und Selbstvermarktung in ständig wachsenden Communities. Wo früher über Anzeigen, Handzettel, Verteiler und Listen in Broschüren und Nachschlagewerken Reichweite erzielt werden sollte, haben das heute mehrdimensionale Netzwerke übernommen. Von ad hoc bis dauerhaft, von event-bezogen bis zu erweiterten Freundeskreisen.

Egal, ob die Tageskarte, das Wochenangebot oder besondere Aktionen, alles wird regelmäßig gepostet. Und mit einer gelebten Authentizität, die die Menschen und deren Geschichten dahinter gleich mit abbildet. Die Erzeuger, das Lebensmittel, die Herkunft, die Köche, das Servicepersonal, die Gäste, die Gastronomen – alles gehört zusammen. Eine gewollte Transparenz wird hergestellt, die den eigenen Anspruch reflektiert. Einen Anspruch vorleben, den Gästen anbieten und gemeinsam mit den Gästen das noch eher Seltene und Ungewöhnliche zur Selbstverständlichkeit machen.

Selbstverständnis und Bausteine des „Zu Tisch besser iss das" - Projekts

> Alle Mitmacher werden auf der Webseite des Projekts aufgeführt, sowie in der Social Media-Kommunikation begleitet und unterstützt. Mitmacher sind direktvermarktende Landwirte, Erzeuger, Metzger, Verarbeiter und Gastronomiebetriebe.

› Das Kampagnenlogo wird im Lokal angezeigt und die Teilnahme wahlweise z. B. auch auf der Speisekarte oder über passende Werbemittel des Projekts kommuniziert. Zusätzlich erfolgt die Einbindung in den eigenständigen Internet- und Social Media-Auftritten der Teilnehmenden.

› Die Gastronomiebetriebe geben ihre Bezugsquellen an und legen Wert auf eine möglichst regionale Herkunft der eingesetzten Lebensmittel.

› Das Servicepersonal und die Küche der teilnehmenden Betriebe sind mit den Grundzügen des Projekts vertraut und können dem Gast und Kolleginnen und Kollegen sowohl proaktiv als auch auf Rückfrage Auskunft geben bzw. Infomaterial überreichen und auf weiterführende Informationen im Internet (z. B. Internetadresse oder QR-Code) hinweisen.

› Die Mitmacher nehmen an Ausflügen, Hof- und Betriebsbesichtigungen teil, tauschen sich über Bezugsquellen und Liefermöglichkeiten aus und werden aktiver Teil eines Netzwerks. In Fachworkshops und zu speziellen Themen findet eine Weiterbildung und auch Weiterverbreitung des Projektgedankens statt.

In den teilnehmenden Gastronomiebetrieben liegen verschiedene Werbemittel aus. Das sind z.B. Bierdeckel mit lockeren Sprüchen und Basisinformationen zum Projekt. Ein aufgedruckter QR-Code leitet Interessierte ins Internet bequem per Smartphone weiter. Für mehr Infos vor Ort gibt es Postkarten zum Mitnehmen und eine etwas ausführlichere Klapp-Postkarte mit folgendem Text:

Wir bringen Gäste, Gastronomen, Bäuerinnen und Bauern aus der Region an einen Tisch. 100% artgerecht, wertschätzend, ehrlich, regional, Geschmack, Genuss, Bio-Fleisch.

nachhaltig ESSEN

Wir bieten euch:
› Viele Lieblingsgastronomen aus eurem Stadtviertel machen mit!
› Tolle Gerichte, immer fest auf der Karte oder in Aktionen!
› Besser ist für uns auch eine Frage der Haltung.

Wir zeigen es euch:
› volle Transparenz: mit Blick in die Küche und in den offenen Stall!
› Der Wirt sagt wo's herkommt
› Der Bauer zeigt uns seinen Hof und seinen Stall
› Der Metzger zeigt uns seine Verarbeitung

Wir nehmen euch mit:
› Hofbesichtigungen, Ausflüge, Hintergrundinfos
› Tipps für alle die mehr wissen wollen
› Rezeptideen und Anleitungen zum Selberkochen

Wir machen es so:
› weniger Zwischenhandel, mehr Direktvermarktung
› das ganze Tier essen, nicht nur die Edelteile, die Beilage wird zum Held
› besser, spannend, anders, ehrlich!

Alles Bio oder was?

Aus guten Gründen wie Verbraucherschutz, für lauteren Wettbewerb und Transparenz, sind die Begriffe Bio und ökologische Landwirtschaft gesetzlich geschützt. Wo Bio draufsteht, da soll auch Bio drin sein. Dafür gibt es EU-Rechtsvorschriften und das deutsche Öko-Landbaugesetz.

Ein Kerngedanke des Ökolandbaus ist ein möglichst geschlossener Nährstoffkreislauf. In Bezug auf Boden, Pflan-

zen und die Tierhaltung sollen schonende und nachhaltige Methoden angewandt werden.
Chemisch-synthetische Spritzmittel (sogenannter „Pflanzenschutz") sind verboten, gentechnisch verändertes Saatgut oder Futtermittel aus solchem Saatgut dürfen nicht verwendet werden. Für die Herstellung und Verarbeitung von Lebensmitteln gelten dann weitere Vorschriften. Es sind deutlich weniger Zusatzstoffe erlaubt, bzw. viele grundsätzlich verboten.

Neben dem EU-Biosiegel (EU-Bio-Logo) gibt es das sogenannte Verbandsbio (Naturland, Bioland, Biokreis, Demeter, bayerisches Bio-Siegel) der Anbauverbände, deren Bestimmungen über die Mindeststandards der EU-Ökoverordnung hinausgehen.

Auch ein Gastronomiebetrieb der Bio-Lebensmittel auslobt, muss am Kontrollverfahren teilnehmen. Egal, ob einzelne Zutaten, Komponenten, komplette Gerichte oder das gesamte Speisenangebot. Für Aktionen usw. gibt es vereinfachte Verfahren. Soweit die Rechtslage.

In Sachen Tierhaltungsvorschriften gibt es zwischen Bio und konventionell gravierende Unterschiede. Die einzelnen Bioverbände haben darüber hinaus weitere Kriterien ergänzt, die sich aber geringfügig unterscheiden und nicht durchgängig ausgeführt sind. Für alle Bios gilt: mehr Platz, immer auch verbunden mit Auslauf im Freien oder Weidegang, keine Vollspaltenböden, Verbot des Ringelschwanzabschneidens, deutliche Beschränkung der Dauer von Tiertransporten. Und vor allem ein klar geregelter maximaler Tierbesatz mit Obergrenzen für Ställe und Betriebe, Vorga-

nachhaltig ESSEN

ben für den Anteil eigenen Futters oder den Zukauf aus der Region.

Ein bisschen trüben diverse mögliche Ausnahmen das Bild und antibiotikafrei ist Bio lange nicht. Doch es gibt für viele Kriterien klare Vorgaben und nicht nur Wahlmöglichkeiten aus einem Katalog von Verbesserungsmaßnahmen, wie es in der konventionellen Landwirtschaft und bei diversen Tierwohlprogrammen und -siegeln der Fall ist.

Grundsätzlich gilt aber auch: mehr Tierwohl ist nicht abhängig von der Betriebsgröße oder ob ökologische Landwirtschaft betrieben wird. Es gibt konventionelle Großbetriebe, die ein vorbildliches Herdenmanagement betreiben und es gibt kleine Biobetriebe, wo es bei vielen Dingen nicht zum Besten steht. Transparenz und regionale Nähe sind hier die richtigen Voraussetzungen, um Haltungsbedingungen ggf. selbst überprüfen zu können. Bei Biowaren aus dem Discounter ist das selten möglich, im Hofladen beim Biobauern in der Nähe aber umso einfacher.

Der völlig andere Systemansatz der ökologischen Landwirtschaft im Vergleich zur konventionellen und die geringere Produktionsintensität haben nach Meinung z. B. des renommierten Thünen-Instituts neben dem Umwelt- und Ressourcenschutz auch auf das Tierwohl positive Auswirkungen.

Das ZU TISCH BESSER ISS DAS-Projekt folgt dem Ansatz, dass das Fleisch für die im Projekt ausgelobten Gerichte oder Menüs aus ökologischer Landwirtschaft stammen muss. Die landwirtschaftlichen Betriebe oder die Metzger und Verarbeiter müssen also in jedem Fall biozertifiziert sein. Das Lokal am Anfang nicht zwingend. Dennoch ist das Ziel des Projektes, Gastronomiebetriebe in der Biozertifizierung zu begleiten. Auch nehmen bereits mehrere biozertifizierte Gastronomen an der Initiative teil.

Der pragmatische Ansatz des ZU TISCH BESSER ISS DAS-Projektes über die vereinfachte Argumentation Biofleisch ist gleich artgerecht(er), lässt sich natürlich kritisieren. Zu diesem Thema laufen viele wissenschaftliche Vergleichsstudien, aber noch nicht durchgängig über alle Nutztierarten. Abwarten, bis belastbare Ergebnisse vorliegen, ist keine Option.
Da das Projekt kommuniziert, „esst weniger Fleisch und wenn Fleisch, dann Fleisch aus artgerechter Tierhaltung", könnte argumentiert werden, auch Fleisch aus konventionellen Betrieben, die nachweislich höhere Tierwohlstandards im Vergleich zu bereits teilnehmenden Biobetrieben sicherstellen, sind zum Projekt als Lieferanten zuzulassen. Das ist korrekt. Nur lässt sich im Rahmen der Projektausstattung keine einzelfallbezogene, vollständige, eigene und diskriminierungsfreie Überprüfung oder „Zertifizierung" umsetzen. Dafür sind die finanziellen und personellen Ressourcen zu begrenzt. Außerdem wäre die Bewertung oder Rangordnung einzelner Tierwohlmaßnahmen im direkten Vergleich nicht annähernd möglich.
In der konventionellen Landwirtschaft besteht eine individuelle Auswahlmöglichkeit einzelner Verbesserungsmaßnahmen. Mehr Platz, mehr Beschäftigungsmaterial, zusätzlicher Auslauf im Freien, nur Teilspaltenboden, nur Futter vom eigenen Hof, Ringelschwänze bleiben dran?! Das würde das Dilemma schaffen, wie lassen sich zwei Betriebe im direkten Vergleich bewerten? Ist mehr Platz und Freilauf, aber dafür ein kupierter Ringelschwanz besser als weniger Platz mit Teilspaltenboden, dafür aber mit Ringelschwanz?

Die Bioverordnung und die Anbauverbände regeln die Mindeststandards klar. Und Luft nach oben ist immer. Das Projekt versteht

nachhaltig ESSEN

sich als Anstoß und Initiator. Jeder ist frei darin, Ziele besser und breiter umzusetzen! Aber es braucht viele Anfänge. Echte und ehrliche Nachahmer sind willkommen.

Ohne eigene Bio-Voll- oder Teilzertifizierung eines Gastronomiebetriebs darf Biofleisch nicht als solches extra ausgelobt werden, das sagen die entsprechenden Rechtsvorschriften. Für zeitlich begrenzte Aktionen gilt jedoch ein vereinfachtes Anmeldeverfahren. Aber auch ohne Bio extra auszuloben, darf ein Gastronomiebetrieb selbstverständlich darauf hinweisen, woher sein Fleisch stammt, also den landwirtschaftlichen Betrieb oder die Metzgerei nennen. In anderen Ländern, wie z. B. Frankreich und Italien, ist es schon lange gang und gäbe, ja geradezu selbstverständlich, seine Lieferanten zu nennen. Wirte und Köche sind stolz auf sie und die Qualität, die sie oft ganz in der Nähe produzieren. Und die Bauern sind darauf eingestellt, auf die speziellen Anforderungen der Gastronomen einzugehen, weil sie ja dort auch selbst am Sonntag mal essen gehen wollen. Wertschätzung und Wertschöpfung auf Gegenseitigkeit! Das lässt sich in den herkömmlichen deutschen Gastroversorgungs- und Großhandelsstrukturen nicht so vollständig abbilden und erfordert ein anderes Lieferantenportfolio und höheren Beschaffungsaufwand.

Fragt man Gastronomen, was sie am meisten beschäftigt, so ist die Antwort garantiert nicht, wie kann ich verstärkt Fleisch aus artgerechter Tierhaltung anbieten. Oder, ich freue mich auf die Herausforderungen im Rahmen einer Biozertifizierung. Es sind ganz andere Themen, die Gastronomen umtreiben: Wie bekomme ich gutes, qualifiziertes Personal, wie kann ich meine Leute halten und bezahlen? Wie findet mein Personal jetzt und in Zukunft bezahlbaren Wohnraum? Wie steigt die Pacht bei der nächsten Verlängerung des Pachtvertrags, wie werden wir durch Bürokratie und ständig zunehmende Dokumentationspflichten z. B. im Rahmen des Arbeitszeitgesetzes schikaniert. Brauche ich für Bio gleich noch eine zweite Bürokraft?

> *Mach' ich Bio, aber wie soll das gehen, „wenn mittags nur 9,90!"*

Also die Gästeerwartung, ein Mittagsmenü mit Fleisch für 9,90 Euro zu erhalten. Oder Bio-Fleisch oder das Bio-Restaurant nur am Monatsanfang. Und in der zweiten Monatshälfte doch lieber die Schnitzel-Alm? Ist wie bei den Eiern: Bioeier fürs Sonntagsfrühstück, aber für den Kuchen – da sieht es ja keiner – da tun es dann auch die Bodenhaltungseier zu 12 Eurocents das Stück.

Und selbst in Gemeinden und Stadtvierteln, wo das Geld sprichwörtlich aus den Gullideckeln quillt, also die Kaufkraft sehr hoch ist, scheinen viele Gäste doch sehr empfindlich auf bestimmte Preisschwellen zu reagieren. Wirte sagen ganz offen, bei 39,- Euro für bestimmte Fleischgerichte sei dann das Ende der Fahnenstange erreicht. Zwei Cocktails und sechs Bier für deutlich mehr ist Okay, aber für das Essen bitte nicht. Das Preisgefühl und -gefüge für die Alufelge am Firmenwagen vor der Tür überträgt sich nicht automatisch auf die Wertschätzung und den akzeptierten Preis für ein gutes Essen im Restaurant.

Auch Gastronomiebetriebe, die bewusst den Weg gegangen sind, ein Biorestaurant zu führen, können ein Lied davon singen, wie Sinn sehr schnell in Unsinn übergeht. Große Verfügbarkeitsprobleme bei verschiedenen Saisonwaren oder z. B. die Pilze, die ein Nachbar aus dem Dorf seit Jahren zuverlässig gesammelt hat, dürfen nur dann vom Restaurant angekauft werden, wenn sich der Sammler als Bio-Wildsammelstelle zertifizieren lässt. Weil

nachhaltig ESSEN

die Pilze ja auf der Karte stehen und im Kassensystem der ausgegebene Essensbon manipulationssicher dokumentiert sein muss, braucht es dazu in der Buchhaltung sowohl die Rechnung, also auch den Lieferschein dazu. Und beim Schwund, Verderb oder der Reklamation eines Gerichts besser vorsichtig sein, denn sollte der Betriebsprüfer des Finanzamts in seiner Standardtabelle nachsehen und einen zu hohen Wareneinsatz feststellen, dann unterstellt er gleich mal versuchte Steuerverkürzung.

Fleisch essen

Bei vielen Menschen scheiden sich beim Thema Fleischkonsum die Geister. Und dabei geht es in erster Linie um zwei Aspekte: einmal Fleisch essen an sich und zum anderen, die negativen Auswüchse einer modernen, agrarindustriellen Fleischproduktion (Stichwort: – das es eher schlecht beschreibt – Massentierhaltung). Die überwiegende Mehrheit der Europäer möchte Lebensmittel und besonders Fleisch möglichst billig, die deutsche Mentalität – auch auf die Gefahr hin, damit Klischees zu bedienen – setzt dem ganzen Unding noch einen Discounter-Fetisch und eine Schnäppchenjäger-Mentalität obendrauf. In Umfragen äußert man sich zwar anders, Soziologen können das gut erklären, das Antwortverhalten zielt auf soziale Akzeptanz ab. Im Laden, beim Metzger (sofern es ihn noch gibt und man ihn überhaupt aufsucht) oder an der Kasse zählt dann nur ein niedriger Preis. Der Rest wird verdrängt. Lebensmittelskandale, von denen jeder gehört hat oder Horrorbilder, die jedem geläufig sind, führen nur selten zu tatsächlichen Änderungen des Einkaufsverhaltens oder der Essgewohnheiten. Küken-Schreddern, Tiertransporte, kaum Platz, kein Tageslicht, keine Luft, kein Auslauf: tagtägliche „Normalität", nächstes Thema, nächster Aufreger.

Der typische „Fleischesser", der als Hauptzielgruppe für das ZU-TISCH BESSER ISS DAS-Projekt gilt, lässt sich wahrscheinlich so am besten beschreiben: weniger Fleisch essen, seltener Fleisch essen, wenn Fleisch, dann von hoher Qualität, überwiegend aus ökologischer Landwirtschaft (biozertifiziert), aus der Region und mit einer nachvollziehbaren Herkunft. Zusätzlich gilt: das ganze Tier essen (Stichwort: Nose-to-Tail), also auch die sogenannte Nichtedelteile inkl. Hackfleisch, Fleisch für Schmorgerichte, Suppenfleisch, Innereien, Knochen.

Während also die Mehrheit verdrängt, steigt der Anteil der Menschen, die überhaupt kein Fleisch mehr essen und zu Vegetariern oder Veganern werden. Die Themen Mitgeschöpfe essen und Tierquälerei gelten als Hauptmotive für die geänderte Lebensweise; Ergebnis: Totalausstieg aus dem System Fleischproduktion. Damit ist aber noch lange kein Ausstieg aus den Nachbardimensionen der agrarindustriellen Lebensmittelproduktion vollzogen. Manchmal führt der Ausstieg beim Fleischkonsum paradoxerweise zum noch tieferen Einstieg in andere Systemwelten: hoch alles – hoch verarbeitet, hoch arbeitsteilig, hoch industrialisiert, hoch kapitalintensiv. Dazu lange Transportwege, unfaire, wenig nachhaltige Arbeits- und Produktionsbedingungen, problematische Prozess-, Inhalts- und Zusatzstoffe.

Ob man guten Gewissens Fleisch essen kann, sollte oder darf, dafür gibt es genügend Literatur; das würde an dieser Stelle den Rahmen völlig sprengen. Verwiesen sei auf zwei Standardwerke wie z. B. „Tiere essen" von Jonathan Safran Foer und „Das Omnivoren-Dilemma" von Michael Pollan.

Die Fragestellungen „was essen und was streicheln?" und Tierhaltung an sich, gleichgültig, ob Haustier oder Nutztier, werden heute meistens ideologisch aufgeladen konfrontiert, schon gar nicht mehr sachlich diskutiert. Es geht häufig um den Ausdruck der eigenen moralischen Überlegenheit, einen Absolutheitsanspruch mit Neigung zu totalitärer Deutungshoheit. Die sehr breite Grau-

nachhaltig ESSEN

zone zwischen schwarz und weiß, Fleisch oder kein Fleisch essen, was gerade Themen wie Klimaschutz, Nachhaltigkeit, Umweltbelastung, wahre und externalisierte Kosten, soziale und wirtschaftliche Auswirkungen von Ernährungsstilen angeht, wird gerne ausgelassen oder sogar negiert.

Dass für den Verzehr oder den Genuss von Fleisch ein Tier getötet werden muss; diese Tatsache muss ein Fleischesser akzeptieren. Und er sollte ihr eigentlich sprichwörtlich ins Auge sehen. Vielleicht nicht unbedingt selbst einmal ein Tier zum Verzehr getötet haben, aber zumindest es mit eigenen Augen erlebt haben. Ein Lebewesen, das Schmerzen und Stress empfunden hat, Bedürfnisse und Verhaltensweisen, auch soziale, hat und in einer Gruppe oder Herde Bindungen und Beziehungen eingeht. Es sterben zwar auch Tiere, wenn ein Mensch kein Fleisch ist, aber es baut sich keine ganze Industrie mit allen ihren Auswirkungen darauf auf. Eine Industrie, die seit Jahrzehnten und überall auf der Welt eine vollkommen falsche Entwicklung genommen hat. Nämlich das Tier an einen effizienten Produktionsprozess anzupassen und nicht etwa umgekehrt. Aber der Mensch hat ja bereits für seine eigene Spezies schon immer vorgelebt und umgesetzt, wie das funktioniert. Stichworte: Sklaverei, Feudalismus, Manchester-Kapitalismus, Neoliberalismus, Globalisierung. Aus Gier, vorgeblichen Effizienzgründen und dem Ausleben von Macht, Dominanz und Zerstörung.

Fleischqualität, Bio-Fleisch und schmeckt man Tierwohl?

Gutes Fleisch schmeckt gut und ist zart? Vorsicht, Kulturfalle! Nur weil etwas zart – wie für Zahnlose – ist, so hat es noch lange keine Qualität. Was der eine Kulturkreis als schuhsohlenzäh abqualifiziert, mag für andere als kernig und durchwachsen durchgehen. Und der Eigengeschmack scheint bei Fleisch ohnehin eher unerwünscht zu sein, darum die ganzen Gewürze, Fertigsoßen und Panaden. Natürlich gibt es ganz robuste Kriterienkataloge hinsichtlich Proteingehalt, pH-Wert, Wassergehalt, Fettauflage, Marmorierung/ intramuskuläres Fett, Keimzahlen und Rückständen.

Aber lässt sich Geschmack messen? Nun, für Sensorik gibt es seit Jahren feste Grundsätze und Beurteilungskriterien: Optik, Textur und instrumentelle Sensorik, das lässt sich alles beschreiben und bewerten. Es gibt sog. Panels, Aromaprofile, vergleichend, sensorisch wahrnehmbar, hedonisch usw. Eine spannende Wissenschaft für sich und sie hat so nichts mit dem „mild-würzig"-Aufdruck auf der Plastikverpackung eines in Scheiben portionierten Gummikäses zu tun. Ja, was denn jetzt? Mild oder würzig?

Schmeckt Bio anders?

Diese Frage lässt sich leider nur schwer beantworten. Beste Beispiele sind die „Tests", die immer wieder von durchaus seriösen Institutionen wie z.B. die Stiftung Warentest oder von selbstberufenen und bezahlten (Fernseh-)Köchen durchgeführt werden. Da werden konventionelles Fleisch und Biofleisch parallel verkostet und die Testesser sollen das Biofleisch identifizieren. „Seht her, die haben denen das Aldi-Filet als Biofleisch untergejubelt und die Deppen haben nix gemerkt." So lautet dann der vermeintliche Triumph-Schrei der teures-Auto-billiges-Essen-Fraktion.
Fleisch von langsam gewachsenen Tieren ohne Hochleistungsgenetik verhält sich aber beim Koch- und Bratvorgang definitiv anders und riecht auch anders. Und Stressfaktoren beim Tiertransport und während der Schlachtung haben nachweisbare Auswirkungen auf Fleischqualität und -geschmack. Dass das Kopfkino natürlich auch eine Rolle spielen kann, ist dabei nicht ausgeschlossen. Ein kurzes Tierleben lang auf Vollspalten in den eigenen Exkrementen stehend oder liegend, wie soll das gut schmecken.
Grundsätzlich wird ja keine Tierart von Natur aus gehalten.

nachhaltig ESSEN

Artgerecht, tiergerecht, artgemäß, wesensgemäß

Immer neue Worte und Begriffe sorgen nicht automatisch für mehr Klarheit. Obwohl die meisten Menschen ähnliches unter diesem Begriff verstehen. Irgendwie weiß jeder, was gemeint ist, es besteht aber noch lange keine Übereinstimmung darüber, wie die Bedingungen im Einzelnen auszusehen haben und was Priorität haben sollte. Und was gilt für Wildtiere im Zoo oder domestizierte Tiere als Haustiere (Unterart) oder Nutztiere? Wo der Mensch eingreift, da ist keine Natur, auch wenn wir alles und jedes gerne mit „natürlich" titulieren. Keine Tierart würde in echter Wildnis in Abwesenheit der Spezies Mensch „gehalten". (Stimmt vielleicht nicht ganz: in symbiotischen Beziehungen „halten" sich z.B. Raubfische Putzerfische). Tiere leben autonom in Ökosystemen. Daher sind die grundlegenden Anforderungen eine gute körperliche Gesundheit, die Abwesenheit von Schmerz, so wenig Stress wie möglich, das Ausleben natürlicher Verhaltensweisen und die Haltung in geeigneten sozialen Verbänden, Herden oder Gruppen.

Andererseits könnten heute viele speziell gezüchtete Nutztiere mit sogenannter „Hochleistungsgenetik" weder in freier Wildbahn noch außerhalb ihrer speziellen agrarindustriellen Haltungsformen überleben. Weil sie z. B. zu empfindlich und wenig robust sind oder viel zu speziell in ihren Futteranforderungen. Auch Haustiere, wie z. B. einige Hunderassen, sind auf bestimmte äußerliche Merkmale hin gezüchtet, die sie im Laufe ihres Lebens mit hoher Wahrscheinlichkeit unter vielfältigen Erkrankungen leiden lassen.

> Zwei Beispiele: der Knochenbau und die Fußgelenke bei Geflügel (Nutztier), die in Verbindung mit anderen Faktoren allein durch die unnatürlich große und schnellwachsende Muskelmasse des Brustfleisches zu Haltungsproblemen und chronischen Schmerzen führen.
> Oder Modehunde (Haustier), deren Schädel stark verkleinert und die Schnauzen verkürzt gezüchtet werden, damit sie „putzig aussehen" und dem sogenannten Kindchen-Schema entsprechen. Im Ergebnis haben sie Atemschwierigkeiten, die Augen quellen hervor und sind oft entzündet, weil sie in der Augenhöhle nicht genügend Platz haben. Wer das Wort Qualzucht ausspricht, sollte zuerst neben sich auf das Sofa sehen, was dort ggf. hechelt.

Essen jenseits von satt

Essen galt früher als satt werden. Satt sein als Abwesenheit von Hunger leiden. Lebensmittel, die, wie der Name sagt, Mittel zum Leben waren. Es gab, was es gab. Was das Klima, die Saison, der Boden, die Jagd, ein beginnender (Tausch-)Handel hergab. Wetterkapriolen, Missernten, Pflanzenkrankheiten und sogenannte Schädlinge vernichteten immer wieder halbe bis ganze Ernten. Bergbauern konnten ihr Vieh z. B. nach Schlechtwetterperioden oder erneuten Wintereinbrüchen im Frühling teils nur mit dem Verfüttern von Fichtenzweigen mehr oder weniger über den Winter bringen.

Die Dinkelspezialität fränkischer Grünkern entstand z.B. aus der Not heraus: Lieber einen Teil der Ernte grün ernten, danach durch darren haltbar machen und als Nahrungsquelle nutzen können als die ganze Ernte nach Unwettern oder Kälteeinbrüchen zu verlieren und zu hungern. Heute gibt es für solche Fälle den Welthandel und Getreideimporte. Oder die sog. Sikkation (Austrocknung). In Aus-

nachhaltig ESSEN

nahmefällen wird Glyphosat o.ä. gespritzt und das Getreide reift ab. Ob man satt werden konnte, das war früher in erster Linie von zwei ganz speziellen Zufällen bestimmt. Zufall Eins war, wann und wo der Mensch hineingeboren worden ist. Eine Region mit mildem Klima und guten Böden? In einem friedlichen Zeitalter? Oder hingegen in eine karge Gegend mit schlechten Böden und langen, kalten Wintern? Eine von vielen Unzeiten mit Seuchen, kriegerischen und marodierenden Horden? Dann kommt Zufall Zwei: Der konnte auch jede vermeintlich gute oder schlechte Ausgangslage aus Zufall Eins in das glatte Gegenteil umkehren. Zufall Zwei war nämlich der Platz in der menschlichen Gesellschaft und Gemeinschaft, in die man hineingeboren worden war. Oben oder unten, reich oder arm, Sklave oder freier Bürger, Adeliger, Magd, Knecht, Lehnsherr, Lebensmittelhandwerker, Soldat. Alles andere: Fleiß, Interesse, Begabung, Berufung war immer nur innerhalb dieser strengen Grenzen und Umstände möglich. Und nur ganz selten frei und darüber hinaus!

Gerichte, lokale Küchen, Traditionen, gastronomische Betriebe – also das Essen außer Haus – entwickelten sich im Lauf der Zeit und in diesem Kontext zu der Vielfalt, wie wir sie heute als selbstverständlich erachten und zu oft unreflektiert hinnehmen. Essen aus einem vielfältigen Angebot, immer wählen können, gar aus einer Speisekarte? Über weite Teile der Menschheitsgeschichte völlig undenkbar und auch heute noch nicht überall automatisch selbstverständlich. Vielleicht ist das der Grund, warum wir uns heute mit dem Thema Essen so viele Probleme machen – Luxusprobleme!

Welche Rolle spielt der Fleischkonsum?

Nun, wem stellt sich wann diese Frage? Der Binnenfischerin beim Einholen ihrer Netze, dem Samen beim Umtreiben der Rentierherde auf die Winterweide? Dem heutigen Großstädter im Supermarkt vor dem Kühlregal? Für viele Menschen war Fleisch ein eher seltenes Nahrungsmittel, immer wurde das komplette Tier verwertet. Und im Vorplastikzeitalter dazu noch alles Mögliche aus den nichtessbaren Teilen hergestellt. Vom Dung als Brennstoff bis zu den Häuten, Fellen, Sehnen und Knochen. Das Tier war zugleich Nutztier, Kapital der jeweiligen Gemeinschaft (Familie, Hof, Clan usw.), Wärmequelle, Fortbewegungsmittel, Energieerzeuger und -speicher. Fleischgenuss war eher etwas für Festtage. Und Ausdruck von Wohlstand und der wohl urmenschlichen Eigenart, sich abgrenzen zu müssen: Ich bin besser als du! Ich kann mir mehr leisten! Ich werde fetter und kann so die nächste Hungersnot besser überstehen!

In Gegenden mit einer winterlichen Vegetationsruhe oder mit Böden, die für Ackerbau eher ungeeignet sind, können sogenannte Wiederkäuer (Rind, Ziege, Schaf, Büffel) auf Grünland aus Gras und Heu die für den Menschen verwertbaren Lebensmittel Milch und Fleisch erzeugen. Wurstwaren und Milchprodukte waren und sind dabei ideale Möglichkeiten zur Haltbarmachung.

Konservieren und Haltbarmachen

Die nächste Herausforderung. In Zeiten vor Welthandel, Luftfracht, Containerreifung und Autobahnen gab es tatsächlich nicht immer alles. Täglich Dutzende von 40-Tonnen-LKWs mit z. B. spanischem Obst und Gemüse aus versteppenden und vergifteten Plastikplanen-Landschaften für die (Super-) Märkte, Discounter und Geschäfte jeder Kleinstadt und auch „in Bioqualität" gibt es erst seit ein paar Jahren. Früher herrschte Überfluss nur während des Sommers, Spätsommers und Herbstes zur Erntezeit. Es galt, möglichst viel davon in die karge Winter-und Frühlingszeit hinüberzuretten. Idealerweise so, dass auch der Geschmack und die Nährstoffe erhalten blieben oder sich sogar verbesserten. Dazu wurde eingemacht, eingekocht, fermentiert, eingesalzen, getrock-

nachhaltig ESSEN

net. Milch zu Käse, Fleisch zu Schinken, Speck und Salami, Fisch zu Konserven oder Trockenfisch. Lagerkeller, Vorratsschränke, Dachböden.

In vielen Varianten sogar ohne Kühlung bei Raumtemperatur – zugegeben nicht unbedingt bei trockener Zentralheizungsluft. Erinnert sich jemand an die gestöckelte Milch? Übrig gebliebene Rohmilch wurde einfach in einem offenporigen Tongefäß auf den Schrank gestellt. Sie rahmte wunderbar auf, ist geronnen und schmeckte vorzüglich; sahnig, süßlich, säuerlich. Mehrere Tage haltbar. Bei Speck, Schinken und Salami war es nicht viel anders. Im Winter wurde geschlachtet, draußen war es kalt und es gab keine Fliegen, die Fleischwaren reiften, wurden luftgetrocknet oder geräuchert. Bis zum Frühjahr war die Haltbarkeit dann so weit fortgeschritten, die Lebensmittel durch die mittlerweile erfolgte Trocknung und Umwandlung soweit gereift, dass die Fleisch- und Wurstwaren auch bei Lagerung in wärmerer Umgebungstemperatur haltbar waren.

Der Mensch ist von seinem Verdauungsapparat her ein Allesfresser. Allesfresser heißt jedoch nicht, immer alles essen. Der Speisezettel sollte durch das saisonal und regional verfügbare Nahrungsangebot dominiert sein.

Der dritte Teller – The Third Plate

Ein absolut lesenswertes Buch von Dan Barber, dass es leider nur im englischen Original gibt, aber wirklich leicht verständlich ist. Der Untertitel lautet Feldnotizen zur Zukunft des Essens. Was ist nun der dritte Teller? Ganz einfach das, wo wir hin müssen, aber noch lange nicht sind, noch nicht einmal ansatzweise.

Das Konzept Farm-to-table (oder alternativ farm-to-fork, farm-to-school, nose-to-tail, leaf-to-root) beschreibt Lebensmittelsysteme, die direkt vom landwirtschaftlichen Betrieb an ein Restaurant oder – bildlich gesprochen – auf die Gabel, in die Schule, Kita, Kantine, Gemeinschaftsverpflegung liefern und dabei so wenig Abfall wie möglich produzieren, also das ganze Tier verwerten. Beim Gemüse werden alle essbaren Teile vom Blatt, der Blüte bis zur Wurzel, selbst die Schalen verwendet!
Ziele sind direkte, partnerschaftliche und kleinteilige Vertriebsstrukturen auf Augenhöhe. Die Beteiligten machen eine Anbau- und Absatzplanung mit streng saisonalen und regionalen Schwerpunkten. Angestrebt ist ebenso, mit wenig oder praktisch keinem Zwischenhandel auszukommen.

Dan Barber beginnt naheliegend bei der amerikanischen Esskultur mit ihren absoluten Ernährungsextremen. Auf der einen Seite große Vielfalt, Einflüsse aller möglichen (Einwanderungs-)Kulturen, „organic" als Mantra, überall Farmers' Markets, auf der anderen Seite aber auch hochverarbeitetes, genmanipuliertes und hochkalorisches Schrottessen in Riesenportionen mit Fleischbergen in den sogenannten Flyover States.

Der erste Teller
Riesensteak (Industriefleisch, GVO-Mais gefüttert, Wachstumshormone) mit ein paar Pommes (Transfette, GVO-Kartoffeln) und kleinen Beilagen (Greens).

Der zweite Teller
Im Prinzip wie der erste Teller, aber alles in Bio. Die Fleischmengen sind ähnlich hoch, das Missverhältnis zwi-

nachhaltig ESSEN

schen Fleisch und Beilagen eklatant. Dafür durfte das Rind in der Nähe extensiv in Weidehaltung und mit Heu- und Grasfütterung aufwachsen. Einen weiten Tiertransport hat es bis zur Schlachtung trotzdem zurücklegen müssen, da die Verarbeitungsstrukturen in den USA sehr stark auf wenige Großbetriebe ausgerichtet sind.

Der dritte Teller
Wieder alles in Bioqualität. Aber auf dem dritten Teller findet sich ganz viel Gemüse, was oft eher abfällig als Sättigungsbeilage angesehen wird. Immer das, was gerade saisonal und regional verfügbar ist, getreu dem Grundsatz, es gibt, was es gibt. Aber als Fleisch garantiert kein großes Steak, sondern vielleicht ein kleiner Streifen davon, dazu ein kleines Stück geschmortes Fleisch und ein Happen gekochtes Fleisch (Suppenfleisch), ein Stück Innereien, eine Scheibe Markknochen. Alles was ein ganzes Tier hergibt und was entsprechend verwertet wird. Statt der Menge spielt beim dritten Teller die Komposition, die Textur, die Ergänzung die Hauptrolle – und die Beilagen sind der Held, nicht das Fleisch!

Was ist ein guter Gastgeber?

Oder wer nichts wird, wird Wirt! Netter Spruch, immer wieder gern genommen und trotzdem voll daneben. Wahrscheinlich soll dieser auch auf die geringen formalen Einstiegsvoraussetzungen anspielen. Das könnte hinkommen: Kein Berufsabschluss, keine Prüfung oder Zulassung. Nur die Hygiene-Belehrung auf dem Gesundheitsamt nach Paragraf 42ff. Infektionsschutzgesetz, Sprachkenntnisse irrelevant, Hauptsache anwesend, schlafen und hinterher das Papier abholen. Früher gab es eine Gesundheitsuntersuchung, bis der Amtsschimmel kapierte, dass das nur wenig bringt, da es immer nur eine Momentaufnahme darstellt. Zweite Anforderung ist, einen halben Tag z. B. bei der IHK im Kurs Gastwirteunterrichtung nach dem Gaststättengesetz wieder rein physisch anwesend sein; früher hieß das Hackfleisch-Schein. Gebühr zahlen und schon sind die formellen Anforderungen erfüllt, in die Küche stellen durfte man sich auch, ein gelernter Koch oder Köchin muss nicht sein – heute kocht der Spüler. (Ohne guten Spüler funktioniert übrigens kein gastronomisches Unterfangen.)

Ein Lokal aufmachen kann man damit aber noch nicht, denn die Gaststättenlizenz hängt am Objekt. Und da kommt jetzt alles rein, was gut, wichtig und teuer ist: von den Hygienevorschriften, über den Brandschutz, die sogenannte Stellplatz-Ablöse, das Arbeitszeitgesetz, die Luftsteuer für das Reklameschild, die manipulationssichere Kasse, der Fettabscheider usw. Und mit Lokalen ist es wie mit Mobilfunkmasten. Jeder will sie, aber bitte nicht in unmittelbarer Nachbarschaft: der Lärm, der Dreck, der Gestank, die Lieferanten und Entsorger zu unchristlichen Zeiten, die Raucher vor der Tür, das Publikum überhaupt. Denn danebenbenehmen tun sich selbstverständlich nur die anderen.

Was es aber heißt, ein guter Gastgeber zu sein, Mitmenschen einen Genuss, einen Ort zum Wohlfühlen zu bieten, das ist damit natürlich noch lange nicht abgedeckt. Idealtypisch wird der Gast für die Dauer des Besuchs Teil einer wie auch immer gearteten Gemeinschaft oder sogar Familie. Zugehörig und vertraut, ohne dass es aufdringlich ist, ein geschützter Raum. Gastronomie ist definitiv eine Berufung. Man liebt es oder hasst es.

Pessimisten oder Realisten, wie auch immer die Grundhaltung sein mag, unken, dass es in einigen Jahren nur noch drei Arten von gastronomischen Betrieben geben wird: Inhaber oder Clan-ge-

nachhaltig ESSEN

führt und in Selbstausbeutung, als Franchise-Betrieb oder als Betrieb in der eigenen Immobilie. Anders wären die immer herausfordernder werdenden Rahmenbedingungen nicht mehr zu bewältigen.

Reden wir über „Massentierhaltung".

Wie funktioniert Landwirtschaft heute, wie wird Fleisch „produziert" und von welchen Größenordnungen und Haltungsbedingungen sprechen wir?

1. Einführung: Landwirtschaft als Märchen

Kein aufgeklärter und bewusst lebender Mensch möchte Fleisch aus Massentierhaltung. Billig soll Fleisch aber bitte schon sein und bequem in der SB-Theke des Supermarktes oder des Discounters um die Ecke liegen. Der mit dem großen Parkplatz davor. Einmal hin, alles drin! Und kommen soll es von netten Bäuerinnen und Bauern aus der Region, bodenständig, authentisch; am liebsten ein Familienbetrieb, Mehrgenerationen, die Oma macht die Hühner. So ungefähr und maximal zehn Hühner, drei Schweine, fünf Milchkühe, ein Kälbchen und ein Misthaufen. Ein wunderschöner und märchenhafter Anhaltspunkt.

Gekauft wird das Fleisch dann meistens nett in Folie verpackt, so gar nicht nach dem ursprünglichen Tier aussehend, von dem es stammt. Auf der Verpackung sind oft schöne Bilder von Romantikhöfen abgebildet. Die Marketingabteilungen leisten hier ganze Arbeit. Viel herzige Sprache: lecker, saftig, siegelig. Qualität aus Junkerhand vom Hofgut Lummerland, meine Metzgerei, unbedingt aus der Region – regional und hausgemacht. Mit dem Bild einer Weide drauf und hübschem Puppenstubenfachwerk, einem Oldtimer-Traktor aus dem Bauernhofmuseum, glücklichen Tieren und alles und mehrfach 100 Prozent irgendwas.

2. Annäherung an eine industrialisierte Produktionsform

Wie Industrie? Wir reden doch von Landwirtschaft; so eine mit Hof, Scheune, Geranien an den Balkonen, Misthaufen, Hühnern, Gockel, Schweinen, Kühen, Weiden. Nun, das gibt es zwar noch, ist aber sehr selten geworden, praktisch verschwunden. In der Fachwelt spricht man daher von Tier- und Pflanzenproduktion, strukturellen Anpassungen. „Wachsen-oder-weichen" war jahrzehntelang das Dogma von Funktionären, Politik und Verbandsvertretern; sich fit für den Weltmarkt machen – wir können nicht nur Autos, sondern auch Schnitzel! Konkurrenzfähig, spezialisiert, auf Höchsterträge ausgerichtet und Exportmärkte im Blick. Wenn jeder zweite Chinese einmal wöchentlich Nürnberger Bratwurst äße, was wäre das für ein Markt!

Höchstertrag, technisiert, spezialisiert, hoch arbeitsteilig – so funktioniert Landwirtschaft; fast jeder neue Trend wird umgesetzt. Dazu Kredite, Finanzierungen, Dokumentationspflicht für alles und jedes, Büroarbeit, Computersteuerung und die Bauern sind mehr schlipstragende Manager oder kostümbewehrte Frontfrauen als Gummistiefel-Träger und Rinderflüsterer. Denn wir essen heute mittlerweile fast alle, fast täglich und in solchen Mengen Fleisch – und die Schwellenländer machen schon morgen mit – dass diese Mengen ja irgendwo und irgendwie produziert werden müssen. Eine Fabrik, nur ohne Dach, so könnte man sagen.

Größe oder Kleinteiligkeit eines landwirtschaftlichen Betriebs allein sagen allerdings noch nichts über den Standard und das Niveau von Haltungsbedingungen aus. Es gibt Großbetriebe, die gut wirtschaften – auch konventionelle. Und es gibt Kleinbetriebe, auch ökologisch wirtschaftende, in denen keine guten Bedingungen herrschen.

nachhaltig ESSEN

3. Erfolgsstory Landwirtschaft

Die Landwirtschaft hat seit 1900 und besonders nach dem Ende des Zweiten Weltkriegs mit großem technischen Fortschritt und vielen Neuerungen unsere Nahrungsmittelerzeugung extrem produktiv und günstig gemacht. Die Erfindung des Kunstdüngers, neue Anbau- und Bearbeitungstechniken, Mechanisierung, (hybrides) Saatgut und Züchtungen, nicht zuletzt auch chemische Spritzmittel (Pflanzenschutz). Kritische Denker sagen, aus Sprengstofffabriken wurden Düngemittelfabriken, aus Agent Orange-Werken Fabriken für Pflanzenschutzmittel – eine gelungene Konversion?

Die ganz große Fehlentwicklung ist, dass nach der erfolgreichen Überwindung von Hunger- und Mangelperioden kein stärkerer Fokus auf Qualität statt Quantität gelegt wurde. Selbstverständlich sind unsere Lebensmittel heute „überwiegend sicher". Was Keimzahlen, Haltbarkeit, Giftstoffe, Rückstände und Nährstoffinhalte angeht, so stirbt oder erkrankt man im Allgemeinen nicht sofort. Das war nicht immer so und ist definitiv eine große Errungenschaft. Panschen, Strecken, Etikettenschwindel und alle Formen, etwas als etwas auszugeben, was es nicht ist, waren immer eine negative Begleiterscheinung unserer Lebensmittelerzeugung und -verarbeitung.

So sind echte und vermeintliche Qualitätssiegel, Herkunft- und Überwachungsstrukturen im Prinzip eine reine Selbstverständlichkeit. Alle Arten von industriellen Herstellungsstrukturen beinhalten Kontrollen, Dokumentationen und die Einhaltung von Standards. Eine Rückverfolgbarkeit ist stets zu gewährleisten.

Lebensmittel wurden immer bequemer, sog. Convenience Food; stärker verarbeitet, aufbereitet, verändert. TV-Dinner, so nennen es die Amerikaner. Aus der Packung in die Mikrowelle und flugs auf den Tisch. Aus satt wird schnell fett und fehlernährt. Je gerin-

ger der Bildungsgrad, desto dramatischer sind heute die Auswirkungen. Hochkalorische und hochverarbeitete Nahrung dominiert die Speisezettel vieler Menschen – überall auf der Welt, sofern sie den Hunger überwunden haben. Raus aus dem Hunger, rein in den Diabetes. Menschen verlieren ihre sogenannte „Food Literacy", werden zu essens- und ernährungstechnischen Analphabeten.
In der Fleischproduktion wird optimiert, auf schnelleres Wachstum gezüchtet, für mehr Fleischansatz und bessere Futterverwertung. Das Ergebnis sind „niemals satt werdende Fressmaschinen". Vergleichbar mit Hochleistungsathleten: empfindlich, anfällig, oft verletzt.

Hühner wollen z. B. scharren, Körner und Würmer picken, herumlaufen. Sie haben in kleinen Gruppen soziale Beziehungen, eine klare Hackordnung. Langweilen sie sich und haben sie Sozialstress, weil sie einfach zu viele sind, so picken sie ihrer Nachbarin in die Federn. So kürzt man ihnen kurzerhand die Schnäbel. Und Schweine, die sich langweilen oder gestresst sind, knabbern am Ringelschwanz ihres Nachbarn, weswegen ihnen einfach der Ringelschwanz kupiert wird. Kein Ringel, kein Knabbern. Sie stehen auf Spaltenböden, damit die Ausscheidungen schnell und einfach entfernt werden können. Nebeneffekt sind Klauen- und Gelenkprobleme. Das bezeichnet man als Technopathien, Krankheiten die durch die Haltungsform entstehen. Chronische Lungenerkrankungen sind ein weiteres Problem. Sie entstehen durch die Ammoniak-Luft im Stall.
Das Tier wird also dem Produktionsprozess angepasst. Eigentlich sollte es umgekehrt sein: die Haltung wird so gestaltet, dass Tiere ihre artspezifischen Bedürfnisse und Verhaltensweisen zumindest grundlegend ausleben können.

In der Milchwirtschaft liest sich das so: Ein HF-Zuchtrind (HF: Holstein-Friesian) im milchbetonten Typ mit Zuchtziel 45 % Milch, 40 % Fitness und 15 % Exterieur. Ein genetisches Leistungspoten-

nachhaltig ESSEN

tial von mindestens 10.000 kg Milch (p.a.) mit 4,0 % Fett und 3,4 % Eiweiß. Das alles bei funktionsfähigem, sehr gut melkbarem Euter für hohe Tagesleistung über viele Laktationen und entspricht den Anforderungen der modernen Melktechnik. Agrarsprech aus!

Fachleute sagen, die Tiergenetik sei der Humangenetik um rund 10 bis 15 Jahre voraus. Warten wir also auf die gutaussehenden, blonden, hochgewachsenen, hochintelligenten, vielsprachigen, musikalischen, sportlichen, handwerklich begabten, empathischen, antipatriarchalen Hochleistungskinder der 2040er Jahre.

4. Wo ist der Deckel – was sind Megaställe?

Der Jurist würde sagen, es kommt darauf an. In den USA sind z. B. Geflügelställe mit bis über einer Million Hühnern durchaus normal, in Deutschland bezeichnet man Ställe mit 50.000 bis über 100.000 Hühnern als Megaställe.

In der konventionellen Landwirtschaft gibt es nur indirekte Obergrenzen. Zum einen durch die betrieblichen Abläufe, zum anderen durch die Organisation. Hinzu kommen baurechtliche Bestimmungen, die Vorschriften des Bundesimmissionsschutzgesetzes und die Auflagen der Gülleverordnung. Irgendwo muss das Futter ja herkommen und der Mist, der Tierkot und die Gülle müssen irgendwohin entsorgt werden. Findige Niederländer schließen heute z. B. Gülleabnahmeverträge und exportieren ihre Gülle in strukturschwache Regionen in Mecklenburg-Vorpommern oder die Eifel, beide relativ dünnbesiedelt. Sind diese Kriterien eingehalten, so gibt es in der konventionellen Landwirtschaft keine festgelegten Obergrenzen.

Nur im Biobereich wird zertifizierten Betrieben eine klare Obergrenze vorgegeben. Bei Hühnern ist z. B. bei 20.000 Stück im Stall Schluss. Es können aber mehrere Ställe nebeneinander gebaut werden! Bei Schweinen liegt die Obergrenze bei 14 Tieren pro Hektar Agrarfläche. Bewirtschaftet ein Bauer also z. B. 70 Hektar Land (1 Hektar = 10.000 Quadratmeter), so dürfte er nach EU-Bio-Standard max. 980 Schweine halten (70 Hektar x 14 Schweine pro Hektar = 980 Schweine). Das sogenannte Verbandsbio (Bioland, Naturland, Biokreis, Demeter) macht strengere Vorgaben und sieht auch eine klare Flächenbindung vor. Die Zahl der gehaltenen Tiere ist also an die verfügbare landwirtschaftliche Fläche für die Erzeugung der Futtermittel und das Ausbringen der Gülle bzw. des Mists gebunden.

5. Billig als Mantra

Warum das alles? Ganz einfach, Fleisch soll möglichst billig sein, damit es sich jeder täglich leisten kann. Darauf sind Landwirtschaft, Politik und EU seit Jahrzehnten ausgerichtet. Bio hin oder her, der Marktanteil von Biofleisch in der gesamten Fleischerzeugung liegt nach Marktforschungsstudien so um die zwei Prozent. Und Umfragen, wonach sehr vielen Verbrauchern gutes Fleisch wichtig ist, sind ihr Geld nicht wert. Menschen wissen, was in Umfragen eine sozial akzeptierte Aussage ist, man möchte schließlich dazugehören und sich nicht ausgrenzen. Ein angestrebtes Verhalten hört mehrheitlich spätestens an der Ladenkasse auf. Apropos Ladenkasse: die Oligopolstrukturen im deutschen Lebensmitteleinzelhandel (ALDI, LIDL, REWE und Edeka zusammen kommen auf rund 85 % Marktanteil) bedingen, dass auch auf Seiten der Erzeuger Größe zur Grundbedingung wird. Und allein der Preis entscheidet!

Braucht es da noch irgendeinen Anhaltspunkt? Dieser Preis erklärt, warum es ist, wie es ist. Für nur billig, gibt es für Bäuerinnen und Bauern kein angemessenes Auskommen; für Tierwohl und einen anderen, erweiterten Qualitätsbegriff keinen Platz. Und die vermeintlichen Tierschutzlabels oder verschiedenen handels-

nachhaltig ESSEN

spezifischen Eigeninitiativen machen oft mehr Wohlfühl-Kosmetik, als dass sie wesentliche Verbesserungen erzielen: 10 % mehr Platz von nichts ist immer noch nichts. Und 10 Eurocents mehr pro Kilo Fleisch für den Mehr-Tierwohl-Bauern macht 1,84 Euro/kg statt 1,74 Euro. Immer noch Dumping vom Dumping.

Nicht nur Ökobauern weisen darauf hin, dass der ökologische Landbau „eigentlich" die normale Form der Landwirtschaft sein sollte und dass nur durch entsprechende Fehlentwicklungen der Über-Industrialisierung und handfeste Interessen des Agribusiness heute als normal gilt, was erstens nicht effizient und zweitens nicht zukunftssicher ist. Effizient, effektiv und produktiv sind Begriffe, die gerne gleichzeitig verwendet werden, aber ganz Unterschiedliches bedeuten. Die moderne Agrarindustrie ist produktiv, aber bei einer unglaublich hohen Ressourcenverschwendung. Lebensmittel sind überwiegend billig, weil gleichzeitig ein großer Teil der tatsächlich anfallenden Kosten externalisiert wird. Auf dem Kassenbon des Lebensmitteldiscounters fehlen die Kosten für die Wasseraufbereitung aufgrund überhöhter Nitratwerte im Grundwasser, die Kosten für das Gesundheitssystem aufgrund immer zahlreicher werden Erkrankungen durch Fehlernährung, extremen Übergewichts, Allergien und Unverträglichkeiten, die Kosten für Sozialsysteme und Hilfsgelder, wenn durch Lebensmittelexporte z. B. der EU die Lebensgrundlage von Kleinbauern in Afrika zerstört wird und das zu Fluchtursachen beiträgt oder die Armutsmigration verstärkt.

Was ist die Lösung?

Wie kann jede und jeder jeden Tag dazu beitragen, eine andere Form der Tierhaltung in der Landwirtschaft zu erreichen?
Ganz ehrlich, nur über eine wirkliche Änderung des Konsumverhaltens und der Ernährungsgewohnheiten: weniger Fleisch, seltener Fleisch und wenn Fleisch, dann aus kleinteiliger und öko-

logischer Landwirtschaft der Region; nicht vom Discounter, nicht von großen Handelskonzernen. Vorzugsweise aus der Direktvermarktung, in Hofläden, von Wochen- und Bauernmärkten oder über kleinstrukturierte, inhabergeführte Einzelhandelsgeschäfte und -ketten.

Und aus Prinzip keine Schnäppchen oder Sonderangebote bei Lebensmitteln kaufen. Obst und Gemüse sind in der Saison günstiger, sonst nicht. Und am Ende des Marktages gib es Krummes, Verschrumpeltes, Angestoßenes und Übriggebliebenes vielleicht für etwas weniger. Aber nicht das Fleisch! Verdient es die Bäuerin, die das Schnitzel aus dem Schwein des Sonderangebots aufgezogen hat, plötzlich 30 % weniger zu bekommen? Wird deren Arbeit plötzlich weniger wert? Sinkt denn ihr eigenes Gehalt in der Sonderangebotswoche auch um 30 % oder wird ihre eigene Miete oder Hypothekenrate günstiger? Oder war vorher alles um 30 % zu teuer, damit es plötzlich 30 % günstiger werden kann?! Hirn einschalten und nachdenken, und auch mal den Blick auf Bauchhöhe richten, ob der eigene Wanst das Billiger, Mehr und Fetter wirklich braucht?!

Und weil es nicht nur der oft gescholtene Verbraucher mit seiner Abstimmung am Kassenband richten kann. Es ist genauso wichtig, auf die Politik einzuwirken, um auf lokaler, regionaler, Landes- und EU-Ebene unsere Landwirtschaft und Lebensmittelproduktion unter wertschätzenden und ökologischen Rahmenbedingungen zu gestalten. Dazu gehören auch die Handelsstrukturen.

nachhaltig ESSEN

Lesetipps & Quellen:
Thünen-Institut: https://www.thuenen.de/media/publikationen/thuenen-report/Thuenen_Report_65.pdf
Jonathan Safran Foer: Tiere essen
Michael Pollan: Das Omnivoren-Dilemma
Dan Barber: The Third Plate
Informationsportal zur ökologischen Landwirtschaft:
www.oekolandbau.de
www.zutisch-besser-iss-das.de

Kapitel 6

Nachhaltiges KAPITAL

Dr. Marie-Luise Meinhold

Dr. Marie-Luise Meinhold

Nachhaltigkeit ist für mich:

„Nachhaltige Entwicklung bezeichnet eine Entwicklung, die den Bedürfnissen der jetzigen Generation dient, ohne die Möglichkeiten künftiger Generationen zu gefährden, ihre Bedürfnisse zu befriedigen." https://de.wikipedia.org/wiki/Nachhaltige_Entwicklung

Es ist also ein Bekenntnis zum Berücksichtigen von ökologischen, sozialen und ökonomischen Aspekten.

Warum ist mein Projekt nachhaltig?

Weil es ökologische, soziale und ökonomische Aspekte in einem Geschäftsmodell integriert. Weil es ein wirksamer Hebel ist, um den Finanzsektor vom Klima-Killer zum Klima-Retter zu transformieren.

Steckbrief

Was mich motiviert?

In unserer Zukunft sollte die Gesellschaft mindestens so sozial und die natürlichen Lebensgrundlagen sollten mindestens so erhalten sein, wie wir sie vorgefunden haben. Aus der Hoffnung, für die Welt nach uns einen positiven Beitrag zu leisten, ziehe ich Sinn für mein Tun.

Was rate ich anderen Unternehmern?

Lasst Euch nicht vom Weg abbringen, wenn Ihr versucht, die Welt ein Stück besser zu machen. Auch wenn die Hindernisse und die Beharrungskräfte teilweise gigantisch sind.

Mein Tipp für Verbraucher:

Dein Geld bewegt die Welt. Achte immer auf nachhaltige Entwicklung, beim Einkaufen, beim Job, beim Anlegen, gerade auch bei Finanzgeschäften.

Meine Ziele sind:

Aufzuzeigen, wie Geld nachhaltige Entwicklung ermöglicht, am Beispiel von ver.de BIKE. Andere motivieren, mit zu machen: Als Kund*innen, Investor*innen, Mitglieder, Partner.

Der Geldbegriff im Alltag und im Wandel der Zeit.

Wie die Macht des Geldes die Welt ein bisschen besser machen kann

Das Projekt ver.de eG und AG von Dr. Marie-Luise Meinhold
Vorgestellt von Eva-Maria Popp

Geld regiert die Welt

Dieser Spruch ist fast so alt wie die Menschheit und spricht auf einfache Art und Weise mehr als deutlich aus, was wir alle wissen: Unsere Beziehung zu Geld, unsere Definition von Geld, unser Umgang mit Geld – es gibt kaum ein Thema und kaum einen Bereich, der die Welt und all das, was sie ausmacht, mehr beeinflussen und bestimmen würde als Geld.
Deshalb ist es lohnenswert, sich dem Begriff Geld aus philosophischer Sicht zu nähern, um zu verstehen und zu begreifen, welche unterbewussten Wirkmechanismen in diesem unerschöpflichen Themenkomplex stecken.

Die Philosophie des Geldes

Geld spielt im Leben vieler Menschen eine zwiespältige Rolle. Einerseits braucht bei uns jeder Mensch „Energie" in Form von Geld zum Leben – andererseits ist der Sinn von Geld in unserer heutigen Zeit schwer zu erfassen, weil er in Zeiten von Onlinebanking, Kreditkartenzahlung und Kontoständen sehr abstrakt geworden ist.

nachhaltiges KAPITAL

Am Anfang der Menschheit war es klar ersichtlich, dass der Mensch zur Befriedigung der elementarsten Bedürfnisse wie Hunger und Durst Leistung erbringen muss. Leistung in Form von Jagen, Sammeln, später auch Selbstanbau, war immer von direkter Belohnung – also Erfolg in Form von Nahrungsaufnahme – gekrönt. Der Sinn von Leistung war somit für jeden direkt erkennbar. Daraus entwickelte sich über einen langen Zeitraum hinweg der Tauschhandel – direkt und unmittelbar – als Vorstufe des Geldes. Erst in späterer Zeit musste man auf verschiedene Formen von Währung als Tauschmittelersatz ausweichen, da die Warenvielfalt und auch die Ansprüche größer wurden. Dies war der Beginn der Entfremdung von Leistung in Bezug auf unmittelbare Befriedigung. Der Prozess der Entfremdung hält seither an und verstärkt sich zunehmend.

Hatten die Menschen vor 100 Jahren ihre Belohnung für die Leistung einer Arbeitswoche wenigstens in Form einer mehr oder weniger gut gefüllten Lohntüte „sichtbar in Händen", fehlt uns in der heutigen Zeit durch den bargeldlosen Zahlungsverkehr vollkommen der direkte Bezug zu Geld und dessen Gegenwert. Somit ist zu erklären, warum neue Krankheiten wie Kauf- und Spielsucht auf der einen Seite, aber auch übertriebener Geiz und die Jagd nach dem Geld das Leben vieler Menschen bestimmen. Es fehlt die echte Befriedigung, weil Geld sinnentleert ist.

Es fehlt uns der direkte Zusammenhang. Geld ist dadurch für viele unterbewusst wertlos geworden, weil sie den Wert nicht mehr erkennen können – er ist tatsächlich nicht mehr zu „begreifen", im wahrsten Sinne des Wortes. Auf dieses Vakuum fallen falsche Lebensweisheiten in Form von Glaubenssätzen wie „Geld verdirbt den Charakter", „Geld regiert die Welt", „Geld stinkt" usw. Diese Glaubenssätze prägen unsere Kindheitserinnerungen und begleiten uns im Unterbewusstsein oftmals das ganze Leben. Dies erklärt die Ambivalenz vieler Menschen bezüglich ihrer Einstellung zum Geld.

Die Welt des Geldes ist außerdem eine Wissenschaft für sich geworden. In einer globalen, vernetzten und verstrickten Welt hinterlässt der Geldverkehr keine begreifbaren Spuren mehr. Als Laie durchblickt man auf keinen Fall das Dickicht verschiedener Wertanlagen.

Nach diesem kleinen Philosophie-Exkurs in Sachen Geld verstehen Sie, warum Geld eine so ungeheure Wirkung auf die Menschen hat. Weil Geld aus den oben genannten Gründen meist aus dem Unterbewusstsein heraus wirkt, spielen die Menschen das „Spiel mit dem Geld" eher aus unterbewussten Antrieben, weniger mit dem Verstand.

Das Geld raubt den Menschen buchstäblich den Verstand.

Die einen horten das Geld. Sie trachten danach, möglichst viel Geld zu scheffeln: haben, haben, haben… Unzählige Kriege wurden im Namen des Geldes geführt, Morde begangen, Betrügereien größten Ausmaßes vollzogen, ganze Landstriche und Ökosysteme verwüstet unter dem Vorzeichen des Geldes. Ohne Rücksicht auf Verluste!

Natürlich gibt es auch die anderen, nämlich die Menschen, die es mit der Ethik ernst nehmen und verantwortungsvoll handeln wollen. Sie würden NIE für Geld eine Straftat begehen oder bewusst einem anderen Menschen oder der Umwelt schaden wollen.
Leider muss ich diesen Menschen sagen, dass sie unter dem Vorzeichen des Geldes jedoch unbewusst und nicht wissentlich schon des Öfteren Schaden verursacht haben:
Ich muss zugeben, dass auch ich das erst verstehe, seit mir Dr. Marie-Luise Meinhold in einem Interview mit ihren Ausführungen die Augen geöffnet hat.

nachhaltiges KAPITAL

Sie hat mir erklärt, wie ein einfacher Versicherungsbeitrag, der über viele Jahre monatlich von meinem Konto abgebucht wird, am anderen Ende der Welt großen Schaden verursachen kann, ohne dass ich davon bisher wusste.

Dr. Marie-Luise Meinhold ist Vorständin der ver.de eG und AG, einem Unternehmen, das sich ganz einer nachhaltigen Finanz- und Versicherungswirtschaft verschrieben hat. Langfristig wird die AG den Mitgliedern der eG gehören.

Sicherlich haben Sie eine Versicherung und zahlen einen regelmäßigen Beitrag an die Versicherungsgesellschaft. Wissen Sie, was die Versicherungsgesellschaft mit diesem Beitrag macht?
Sie investiert ihn an den großen Finanzmärkten dieser Welt. In der Versicherungswirtschaft ist es so, dass für jeden Euro, den der oder die Versicherte an Prämie bezahlt, zwei Euro angelegt werden. Damit man nicht bei null anfängt, muss man vorher schon Kapital einbezahlt haben. Dann sammelt man Kund*innen. Mit den Verträgen der Kund*innen baut man einen Bestand auf. Wenn der Bestand wächst, dann wächst auch die Kapitalanlage.
So landet das GELD der Versicherten, also Ihr Geld, unter Umständen bei Rüstungskonzernen, in Waffenschmieden, in Projekten, die die Umwelt zerstören, bei Großkonzernen, die sich damit den Zugang zu wertvollen Ressourcen wie Wasser und seltene Erden sichern. Vielleicht wurde mit Ihrem Versicherungsbeitrag in Blutdiamanten investiert oder, oder, oder...
Wer diese Zusammenhänge einmal verstanden hat, der wacht auf und weiß, dass er DAS SO NICHT WILL.

Aber wo ist die Alternative?

Bislang müssen wir oftmals hinnehmen, dass unser Geld die Welt negativ beeinflusst, weil wir tatsächlich oder vermeintlich keine Alternativen haben.

Die klassische Geld-, Finanz- und Versicherungswirtschaft bestimmt die Welt, wie sie agiert: die Welt, wie sie tickt. Die Welt, wie sie wirtschaftet.

Es gibt einige Pioniere in Sachen Nachhaltigkeit und Geld, sie sind in der breiten Öffentlichkeit aber gänzlich unbekannt. Stattdessen fangen die etablierten Banken nun an, auf „grün" zu machen (was immer sie darunter verstehen).
Schon 1987 hat die damalige norwegische Ministerpräsidentin Brundtland in ihrer berühmten Brundtland-Definition den Begriff Nachhaltigkeit definiert: Nachhaltige Entwicklung bedeutet, die Bedürfnisse der jetzigen Generation zu befriedigen, ohne die Bedürfnisse der kommenden Generationen zu beschränken.

Das ist der Sinn der Nachhaltigkeit. Es geht darum, die kommende Generation im Blick zu haben.

Seit 1987 ist viel Zeit vergangen. Vieles hat sich im Hinblick auf die Nachhaltigkeit bereits verbessert. Zumindest ist das Bewusstsein in breiten Bevölkerungsschichten dafür gewachsen.
Allerdings gibt es noch sehr viel zu tun. Vor allem im Hinblick auf Geld und Nachhaltigkeit. Wer einmal verstanden hat, dass die Finanzwirtschaft eine unheimliche Macht besitzt, der wird sich zwangsläufig dafür einsetzen, dass sie in Zukunft nachhaltig arbeitet. Wo ein Wille ist, da ist auch ein Weg.

Hier an dieser wichtigen Stelle greift Dr. Marie-Luise Meinhold mit ihrem Projekt ver.de ein. Als Wirtschaftswissenschaftlerin und Biologin liebt sie komplexe Systeme. Viele Jahre hat sie als Fach- und Führungskraft in einem globalen Versicherungskonzern gearbeitet. Das hat ihr die Augen geöffnet für die globalen

nachhaltiges KAPITAL

Zusammenhänge in der Finanz- und Versicherungswirtschaft. Dr. Marie-Luise Meinhold ist eine Frau der Tat. Sie nimmt die Dinge gerne selbst in die Hand. Deshalb hat sie als erste Frau Deutschlands eine eigene, öko-faire Sach-Versicherung gegründet.
Das verlangte eine große Portion Mut, Tatkraft, Willensstärke und vor allem große Sachkenntnis. All diese Fähigkeiten bringt Dr. Marie-Luise Meinhold mit. Sie hat ein Team um sich geschart, denen der Begriff Nachhaltigkeit ebenso wichtig ist wie ihr selbst. Gemeinsam arbeiten sie an einer besseren Welt!

Formen der nachhaltigen Finanzwirtschaft:

Investitionen in wirkungsvolle Startups und in nachhaltige Projekte.

Im Moment ist es traurige Faktenlage, dass es eine starke, um nicht zu sagen ultimative Abhängigkeit von Geld gibt, wenn Unternehmer*innen und Gründer*innen agieren und handeln wollen.
Da sind die innovativen Köpfe, die kreative und innovative Ideen haben, welche die Welt dringend braucht. Mobilität, Energie, ressourcenschonende Produktionen... doch viele dieser brillanten Ideen lassen sich nicht umsetzen, weil den Gründer*innen das nötige Kapital fehlt.
Wer keine Sicherheiten bieten kann in Form von Immobilien oder anderer hard facts, der kann sich auch kein Geld leihen. So bleiben wertvolle Projekte, die buchstäblich die Welt retten könnten, im Kinderschuhstadium stecken und versauern am „Reißbrett" der Erfinder*innen.

ver.de bietet dazu Alternativen. Es geht darum, soziale und ökologische Aspekte in ein ökonomisches Konzept zu spannen.
Dr. Meinhold spricht dabei vom sogenannten Nachhaltigkeitsdreieck: Es bringt wirtschaftlich-gesellschaftliche Entwicklungen mit der Umwelt und sozialen Interessen in Einklang, sodass die

Bedürfnisse aller lebenden Menschen und gleichzeitig auch die der kommenden Generation befriedigt werden. Da es als „Mutter Theresa" deutlich schwieriger ist, in einem ökonomischen System anzudocken, hat sie sich entschlossen, den Weg andersherum anzupacken.

Als Wirtschaftswissenschaftlerin und erfahrene Insiderin der Versicherungs- und Finanzwirtschaft hat sie mit ver.de ein System geschaffen, das den Weg von der Ökonomie zur Ökologie und den sozialen Faktoren geht.

Dr. Meinhold erklärt ihre Motivation folgendermaßen:

„Die Zukunft und die Bedingungen sollten so sozial sein, dass die Menschen sich wohlfühlen. Ich möchte meinen Beitrag dazu leisten, dass die Lebensgrundlagen erhalten bleiben und dass es gerecht zugeht.

Ich rate anderen Unternehmer*innen, vor allem Startups, sich nicht vom Weg abbringen zu lassen, auch wenn die Hindernisse immens sind. Die Beharrungskräfte der bisherigen Strukturen und Gewohnheiten sind gigantisch. Sie bremsen so viele gute Ansätze auf allen Ebenen aus.

Da haben wir die Seite der Finanzierung:
Im Moment wird gar nicht danach geschaut, welche Auswirkung das Geschäftsmodell eines Unternehmens oder Startups hat.

Wenn Sie Geld benötigen und ein Haus haben, das Sie beleihen können und über Einnahmen verfügen, um die Zinsen zu bezahlen, dann können Sie sich vielleicht Geld leihen. Es spielt dabei gar keine Rolle, ob das, was Sie vorhaben, gut oder schlecht ist für

nachhaltiges KAPITAL

den Planeten. Es ist der Aspekt der Sicherheit und der bestehenden Einnahmen, der darüber entscheidet, ob ein Projekt finanziert wird. Dabei wäre es so wichtig, in diesem Fall die Weichen anders zu stellen. Es sollte der Aspekt der Wirkungsweise entscheiden, ob ein Kredit gewährt wird. Was wird mit dem Kredit gefördert? Was bewirkt der Kredit?

Mit ver.de haben wir ein Geschäftsmodell gestartet, das bisher für unvereinbar gehalten wurde. In der Finanzwelt denken die meisten, dass der Aspekt der Nachhaltigkeit, das nachhaltige Arbeiten und eine Versicherung unvereinbar wären.

Umgekehrt erlebe ich es auch von der anderen Seite, wenn ich bei nachhaltig orientieren Menschen unterwegs bin. Auch sie halten eine erfolgreiche Versicherungs- und Finanzwirtschaft und Nachhaltigkeit für unvereinbar.

Doch das ist nicht so. Unsere Arbeit bei ver.de beweist es:
Mit 1,4 Millionen Euro haben wir eine AG gegründet. Davor haben wir eine Genossenschaft gegründet, doch diese kann kein Versicherungsgeschäft betreiben. Sie bietet derzeit den ver.de CHECK an. Der ver.de CHECK bringt nachhaltigkeitsorientierte Kund*innen und Finanzberater*innen zusammen. Der ver.de eG soll die ver.de AG perspektivisch gehören. Wir haben unser Startkapital sicher angelegt. Es ist täglich verfügbar.

Transparenz

Wir legen unsere Kapitalanlage für unsere Kunden offen. Damit die Kund*innen sehen, wie wir unser Geld – und somit auch die Beiträge, die er oder sie an uns zahlt, investieren. Sowohl die Summen, die Wirkung und auch die Emittent*innen (Anm. Herausgeber*innen von Wertpapieren oder ähnlichen Urkunden) können jederzeit eingesehen werden.

Vorgehensweise

ver.de legt 80 % des Kapitals in Anleihen an, die sowohl liquide als auch nachhaltig sind und deren Emittent*innen eine gute bis sehr gute Bonität haben. So wird 80 Prozent des Kapitals sehr sicher angelegt. Die übrigen 20 Prozent gibt ver.de in Aktien oder Anleihen, die eine tolle Wirkung haben, aber deren Emittent*innen eine weniger hohe Bonität vorweisen. Hier haben wir mehr Spielraum und können auch kleinere Projekte fördern.

Besonders wichtig ist uns jedoch, dass wir mit unseren Geldanlagen eine ökologische Wirkung erzielen.

Unsere Anlagen sparen CO_2!

Das haben wir bislang mit unseren Geldanlagen bewirkt:
- 1.070 Tonnen eingespartes CO_2
- 29 geschaffene Arbeitsplätze
- 14 geförderte Bauern (in Gebieten Afrikas)
- 12.000 mit Strom versorgte Personen (in Gebieten Afrikas)

Unsere derzeitigen Projekte sorgen für die Elektrifizierung in Afrika. Das ist sehr wichtig, weil damit das Petroleum aus den Hütten verbannt wird, das für Mensch und Umwelt sehr gefährlich und unverträglich ist. Auch die Verwendung von Einwegbatterien wird damit eingedämmt.

Haben Sie wie ich schon mal eine Müllkippe in Ägypten gesehen, die voller Einwegbatterien ist? Das stinkt im wahrsten Sinne des Wortes zum Himmel und zerreißt jedes Herz, das für eine gesunde und intakte Umwelt schlägt. Ein weiterer Faktor, der durch unsere Elektrifizierungsmaßnahmen verbessert wird, stellt die verheerende Wirkung von offenen Feuerstellen und die Abholzung von

nachhaltiges KAPITAL

Waldgebieten auf Mensch und Umwelt dar. Wir investieren in den Anbau von Baumwolle und sichern damit die Lebensgrundlage vieler Afrikaner. Alle unsere Projekte haben einen sozialen, ökologischen und ökonomischen Mehrwert.
Unsere Kapitalanlage befindet sich somit auf der „Vorderseite des Mondes". Sie sind transparent und jederzeit nachprüfbar.
Die meisten herkömmlichen Kapitalanlagen jedoch liegen auf der Rückseite des Mondes. Man kann ihre Wirkung nicht sehen, nicht erkennen und nicht nachvollziehen. Die Kund*innen haben keinen Zugang zu Informationen über diese Wertanlagen.
Unsere Kapitalanlagen wiederum sind das Herzstück unseres Unternehmens, mit dem wir vor kurzem an den Start gegangen sind.

Mit unserem Produkt ver.de BIKE kümmern wir uns um die Sicherung von Fahrrädern vor Diebstahl. (siehe Infokasten)
So hat man als Verbraucher*in mehrere Möglichkeiten, bei ver.de mitzumachen: Als Mitglied, als Investor*in, als Geschäftspartner*in oder als Kund*in.
Die drei Aspekte der Ökologie, der Ökonomie und des Sozialen gehören zusammen. Und bei ver.de gehören die Mitglieder, die Investor*innen, die Geschäftspartner*innen und die Kund*innen zusammen. Ganz egal, wo Sie bei ver.de einsteigen, Sie nähren damit immer das gesamte System und bekennen sich wie ver.de selbst zu nachhaltigem Arbeiten."

So funktioniert die Sicherung ver.de BIKE

Mit ver.de BIKE unterstützen Sie gleichzeitig nachhaltige Projekte. Die ver.de BIKE Fahrradsicherung.

So funktioniert's:
› **Schritt 1:** Sie beschließen, ein Fahrrad bei uns zu sichern.

Auf unserer Webseite können Sie die ver.de Fahrradsicherung abschließen. Sie können sowohl neue als auch gebrauchte Fahrräder im Wert von 500 bis 10.000 Euro bei uns absichern – auch E-Bikes, Tandems, Lastenräder, alles.

❯ Schritt 2: Sie wählen einen Tarif.
Bei der Beantragung des Vertrags geben Sie an:
- den Wert des Fahrrads
- den Hersteller
- das Modell (falls vorhanden)
- die Art des Fahrrads (E-Bike, City-Bike, Rennrad, etc.)
- die Rahmennummer (falls vorhanden)
- den Zustand
- monatliche oder jährliche Zahlung
- und Ihre Postleitzahl.

Zur Info:
Der Tarif orientiert sich am Wert des Fahrrads und an der Postleitzahl. Im Schadensfall erhalten Sie ein Ersatzfahrrad im Wert von bis zu 20% mehr als das im Vertrag genannten Kaufpreises des abgesicherten Fahrrads - als Upgrade, damit das Ersatzfahrrad den neuesten Stand der Technik hat. Sie erhalten den Vertrag und die Bedingungen per E-Mail. Sie können die Daten im Kund*innen-Bereich einsehen. Bitte stellen Sie sicher, dass der Beitrag gezahlt ist, damit Ihr Schutz aktiv ist.

❯ Schritt 3: Sie erhalten ein ver.de Fahrradschloss.
Ein sicheres Schloss ist bei fast jeder Versicherung Voraussetzung, um im Schadensfall ein Fahrrad zu bekommen. Mit dem Abschluss unserer Fahrradabsicherung bekommen Sie ein ver.de Fahrradschloss direkt mit. So sparen Sie sich den

nachhaltiges KAPITAL

Aufwand und Kosten für den Kauf eines Fahrradschlosses. Wichtig: Bitte bestätigen Sie uns den Erhalt des ver.de Fahrradschlosses, damit der Schutz aktiv ist.

Alternativ können Sie natürlich auch ein gleichwertiges Fahrradschloss Ihrer Wahl nutzen. Bitte geben Sie uns in diesem Fall Bescheid, damit wir es vermerkt haben und Sie im Schadensfall problemlos ein Ersatzfahrrad bekommen.

> **Schritt 4:** Ihr Fahrrad wird gestohlen.
Im Schadensfall müssen Sie den Diebstahl an die Polizei melden mit der Bitte um eine polizeiliche Bestätigung. Bitte geben Sie dabei an, dass Sie das ver.de Fahrradschloss verwendet haben.
Diese polizeiliche Bestätigung schicken Sie an schaden@ver.de weiter – und wir kümmern uns darum.

> **Schritt 5:** Sie wählen Ihre*n Anbieter*in.
Auf unserer Webseite finden Sie eine Reihe sozialer und nachhaltiger Fahrradanbieter*innen. Sie haben die Wahl,
- ein Fahrrad bei einem unserer Anbieter*innen auszusuchen
- ein Fahrrad bei einem/einer Anbieter*in auszusuchen, der oder die nicht auf unserer Webseite ist und uns die Rechnung zu schicken.

Zusätzlicher Service: Tickets für den Öffentlichen Nahverkehr. Zusätzlich statten wir Sie mit Tickets für den Öffentlichen Nahverkehr (im Wert bis zu 25 Euro) aus, um die Zeit bis zum Erhalt des neuen Fahrrads zu überbrücken.
Schicken Sie uns einfach das Ticket per Email an schaden@ver.de - und wir erstatten Ihnen den Betrag.

Gruppenverträge?
Sie möchten für die Mitarbeiter*innen Ihrer Firma einen Rahmen- oder Gruppenvertrag abschließen? Oder für die Mitglieder Ihres Vereins? Für die Gäste Ihres Hotels? Oder für die Fahrradflotte Ihrer Familie?
Bitte fordern Sie ein individuelles Angebot an!

ver.de Bike – weil Sie wissen, dass
> Ihr Bike sofort und vollständig ersetzt wird.
> Mit einem gleichwertigen, wenn nicht sogar einem besseren Fahrrad.
> Und zwar unbürokratisch und schnell.

Quelle:
Nicole Rupp, meine Vorstandskollegin beim Verein Geld mit Sinn e.V., beschäftigt sich seit 15 Jahren mit dem komplizierten Thema Geldbeziehung und seit geraumer Zeit insbesondere mit dem ebenso komplizierten Thema Geld und Erben auf der emotionalen Ebene. Die positive Wirkung von Geld für Mensch und Natur liegt ihr ebenso am Herzen wie mir und allen unseren Mitgliedern.

Kapitel 7

Nachhaltig KLEIDEN

Ursula Mock

Ursula Mock

Nachhaltigkeit ist für mich:

Nachhaltigkeit ist für mich: Mehr als ein Siegel, welches lediglich stichpunktartig Produktionsprozesse erfasst. „Bei allem was man tut, das Ende zu bedenken, das ist Nachhaltigkeit." *(Eric Schweizer)*

Warum ist mein Projekt nachhaltig?

Es wird jeder Produktionsschritt, jede verwendete Ressource fein säuberlich, soweit es gelingt, geprüft und verifiziert. Ich entscheide mich aufgrund der Qualität, der Ehrlichkeit und der gelebten Werte für einen Produzenten und nicht aufgrund des günstigsten Preises oder der Auszeichnung durch ein Siegel.

Steckbrief

Was mich motiviert?

Ich möchte den Wandel aktiv mitgestalten. Ich fühle mich sehr berufen, Teil von diesem großen Ganzen zu sein. Dies spornt mich an, täglich über mich hinauszuwachsen.

Was rate ich anderen Unternehmern?

Mut, Durchhaltevermögen und Fleiß, neu denken, anders denken, neu handeln (#newwork), neu kalkulieren, neue Hierarchien und Machtverhältnisse erschaffen.

Mein Tipp für Verbraucher:

Ganz genaues Hinsehen, welches Produkt von wem und von wo gekauft wird. Jede Geldausgabe ist eine Entscheidung, die die Systemstrukturen beeinflusst. Politisch, wirtschaftlich und sozial. Bei den Firmen nachhaken, eigenständig recherchieren, nicht alles glauben, was erzählt wird (Achtung Greenwashing!), mündig werden, Bequemlichkeit aufgeben, der Wahrheit ins Auge blicken.

Meine Ziele sind:

Ein Produktsortiment besonderer Waren basierend auf natürlichen Rohstoffen, höchster Präzession, Qualitätsprüfung und Transparenz zu erschaffen. Augenmerk liegt hierbei vor allem auf dem Textilbereich. Ausgezeichnete Beratungsleistungen (Consulting, Supervision) im Textilbereich anbieten, Expertise für besonders wertvolle Produkte und vor allem im Naturkleidungsbereich sein.

Wer bin ich?

Als allererstes möchte ich mich sehr herzlich für die Möglichkeit des Mitwirkens an diesem Werk bedanken. Es ist mir eine große Freude, mit anderen Menschen in Ko-Kreation gemeinsam zu wirken. So entstand durch uns und durch verschiedene Ko-Autoren dieses Gesamtwerk „Das macht Sinn".

Durch einen „Zufall" habe ich die Verlegerin Eva-Maria Popp kennengelernt. Dadurch bin ich unverhofft und ziemlich spontan zu dieser Autorenrolle hier gekommen. Ich freue mich sehr, Dich, liebe Leserin und lieber Leser, ein Kapitel lang in diesem Buch zu inspirieren und mit auf die Reise durch Themen zu begleiten, die mir am Herzen liegen. Die nächsten Seiten begleite ich Dich in meine Welt über die Sicht der Dinge, meine Erfahrungen, Beobachtungen und Überzeugungen. Ich werde ein Sammelsurium an Themen anschneiden, die ich für den jetzigen Zeitgeist als wichtig erachte, jedoch sind die meisten Kernpunkte zu umfangreich, um sie in einem Kapitel ausführlich zu erklären. Ich schreibe derzeit noch an einem ganz eigenen Buch, in welchem der Raum für ausführliche Darstellungen geboten ist.
Jegliches Wissen, welches ich hier wiedergebe, entstand oftmals in persönlichen Gesprächen und aus unzähligen auf meinem Rechercheweg gelesenen Artikeln. Es ist mir kaum möglich, all diese Quellen exakt anzugeben. So verfasse ich diese Zeilen mit meinen eigenen Worten und lege keine wissenschaftlich nachprüfbaren Aussagen fest. Bitte prüfe mit deiner eigenen Weisheit und in eigener Recherche selbst, was du für stimmig und richtig hältst.
Mein Name ist Ursula Mock, geboren und wohnhaft in München, bei Erscheinung dieses Buches 32 Jahre alt und auf dem Weg zur werdenden Mutter. Nachdem ich zwei Ausbildungen abgeschlossen hatte, absolvierte ich 2015 mein Studium als Textilingenieurin. Ich bin Gründerin des Projektes „Hanfliebe" *(2015, www.hanfliebe.com)* und dieses Jahr (2020) erscheint unter anderen im Zuge

nachhaltig KLEIDEN

dieses Buches mein neues Projekt „Naturalize". Die Zeit ist nun reif, meine Liebe zum Hanf in die Liebe zur gesamten Natur zu integrieren und meinem Wirken einen ganzheitlicheren Ausdruck zu verleihen. Dies spiegelt sich auch an einem neuen Produktsortiment wieder. So wird mein zukünftiges Wirken unter diesem neuen Namen zu finden sein.

Meine Bachelor-Thesis trägt den Namen „hanfliebe", deshalb hieß auch meine erste gegründete Unternehmung so. Der Traum „von regionaler Kleidung aus Hanf", der im Studium entstand, ist realer als je zuvor. Noch vor 5 Jahren wurden meine Visionen belächelt. Heute lächle ich zufrieden zurück und bin stolz, den Weg trotz vieler holpriger Steine bis hierher gegangen zu sein. Mittlerweile sind wir (diverse Netzwerkpartner, Landwirte, Produktionsfirmen und ich) – was die Hanfverarbeitung anbelangt – fast fertig, um wieder eine einheimische textile Kette zur dezentralen Verarbeitung von Hanf und Leinenfasern aufgebaut zu haben. Letztes Jahr gab es im Münchner Raum ein Hanftextilfeld, welches zu Versuchszwecken für den Faseranbau kultiviert wurde. Der Anbau ist dank der beiden Landwirte mit den uns zur Verfügung stehenden Möglichkeiten hervorragend geglückt. Aus den daraus 6 gewonnenen Ballen werden Fasertests gemacht und eine Weiterverarbeitung zu Garn bzw. Stoff getestet.

Jeder Gedanke verändert die Welt

Vielleicht fragst Du dich, wie viele andere, die mich kennenlernen: Was macht eine Textilingenieurin? Nun ja, es ist ganz einfach. Im Automobilbereich oder im Baubereich ist es uns allen ganz geläufig, dass Ingenieure mit am Werk sind. So ist es in der Textilindustrie genauso. Es ist eine Industrie, genau genommen die Erste, die im Zuge des Kapitalismus benutzt und instrumentalisiert wurde, um eine weltweite Umwälzung jeglicher Produktionsprozesse in das Industriezeitalter einzuläuten. So fällt ein

Kleidungsstück nicht einfach so vom Himmel. Auch entsteht es nicht wie durch Zauberhand durch einen Designer über Nacht. Die Erschaffung eines gewöhnlichen Textils beinhaltet bis zu 40 verschiedene Maschinen, die alle entwickelt, koordiniert und betreut werden müssen. Die gesamten Abläufe des Produktmanagements werden oftmals von Textilingenieuren oder Bekleidungstechnikern gesteuert. Ebenso die Garnentwicklung, Stoffentwicklung, Produktentwicklung. Der Ingenieur versteht sich in dieser Branche vereinfacht ausgedrückt als Prozesskoordinator/Produktmanager. Aber nicht nur im Modebereich sind Textilingenieure zu finden. Auch im Medizintechnikbereich (ein Stent ist ein Geflecht=Textil), Fließbereich (z. B. Teebeutel) oder im technischem Textilbereich (Arbeitskleidung für Feuerwehr, Bundeswehr, Polizei, Krankenhäuser) sind wir beschäftigt. Es ist ein sehr vielseitiger Beruf.

In meinem Studium habe ich angefangen, mich außerhalb der Vorlesungen mit dem Thema Hanf zu beschäftigen. Ich habe Bücher darüber gelesen, Textilmuseen und Hanfmessen besucht. Die Vielseitigkeit dieses Rohstoffes hat mich staunen lassen und zugleich so viele Fragen aufgeworfen. Was ist mit dieser Wunderpflanze passiert, dass sie so stark verhindert wurde? So wurde ich über den Hanf zu den Themen Geopolitik, Finanzsystem und Nachhaltigkeit geführt. Noch mehr Staunen, „Aha"-Effekte und Erkenntnisse taten sich auf. Während meines Studiums lernten wir, wie Textilien hergestellt werden. Doch ich wurde das Gefühl nicht los, dass die gesamten Herstellungsprozesse alles andere als erdenfreundlich und menschenwürdig sind. Es entstand ein Sog der Wissensbegierde, der mich fesselte. Diese Forschungsreise wurde zum Hauptbeweggrund, mein Handeln mündig und selbstständig sukzessiv seit Beendigung des Studiums in die Tat umzusetzen. Hinter der Schönheit und Vielfalt der Mode steht eine riesige Industrie und Wahrnehmungspropaganda. Die Textilindustrie ist unter den Top 3 der größten Umweltverschmutzer weltweit.

nachhaltig KLEIDEN

Textilgeschichte

Um das Ausmaß dieser globalen Dimension zu verstehen ist es hilfreich, ein wenig in die Textilgeschichte einzutauchen.
Unsere Vorfahren bildeten textile Flächen mit reiner Handarbeit. Der erste geschichtlich bekannte Webstoff war offenbar aus Hanf, mit dessen Verarbeitung man im 8. Jahrtausend (8000 – 7000 vor Christus) begann. Pharaonen und Heilige wurden bei ihren Begräbnissen schon vor langer Zeit in feine Hanf- und Leinentücher eingewickelt. Auch wird vermutet, dass die Verstorbenen mit Naturölen auf Hanfbasis gesalbt wurden.
Das persische Reich war bekannt dafür, die besten und edelsten Stoffe herstellen zu können. Schon damals trafen sich die Handelsleute am Umschlagsplatz in Israel, der heute als Gazastreifen bekannt ist. Die 6400 km lange Seidenstraße, eine Karawanenstraße, verband Zentralasien mit Ostasien und diente seit 115 vor Christus unter anderem dem Handel für edle Naturtextilien aus Seide und Wolle.
Aus diesen sehr alten geschichtlichen Überlieferungen lässt sich schließen, dass unsere Vorfahren geeignete händische Verarbeitungsschritte kannten, um Naturfasern in hochwertiger Art und Weise zu produzieren.

Im Laufe der Jahrtausende veränderten sich selbstverständlich die Verarbeitungsmethoden. So sorgte 1764 die Entwicklung der ersten industriellen Spinnmaschine „Spinning Jenny" für eine industrielle Revolution im Textilbereich. Was früher 100 Spinnerinnen einen Arbeitsplatz verschaffte, wurde von nun an mit nur einer Maschine bewältigt. Der hohe Zuwachs an Produktivität gegenüber dem Spinnrad gilt als ein Meilenstein der industriellen Revolution und der Technikgeschichte. Von nun an folgten viele weitere Textilmaschinenentwicklungen. So begann innerhalb weniger Jahre ein massiver Abbau von Arbeitsplätzen. Der Einzug des Maschinenzeitalters in der Textilbranche schritt in raschen Zügen voran und sprang auch auf andere Industriezweige über. Seitdem ging durch die massive Abschaffung menschlicher Tätigkeiten sehr viel altes Wissen verloren. Beispiel: Ein Textiltechniker, der eine mechanische Lochkartenmusterwebmaschine bedient hat, verstand noch die gesamten mechanischen Abläufe und Zusammenhänge der Erstellung einer textilen Fläche (=Stoff). Heutzutage ist in Textilstudiengängen das Erlernen der CAD-Programme, die die Maschinen ansteuern, hauptsächlicher Inhalt des Lehrplanes. Durch die fehlende Kenntnis der Wirkprinzipien eines detaillierten maschinellen Ablaufes kratzt ein Student heutzutage lediglich an der Oberfläche seiner Expertise und die wirklich wichtigen Funktionsweisen werden ihm so vorenthalten. So ging in den letzten Jahrzehnten der Großteil an Wissen zur hochwertigen haltbaren Verarbeitung von Naturfasern verloren – vor allem zur Verarbeitung von Hanf und Brennnessel.

Die Auswirkungen des Fortschritts der Technik seit Einzug des Industriezeitalters, in der die Textilbranche maßgeblicher Vorreiter war, ist eine nicht zu vergessene Komponente. Sie hat direkte Konsequenzen auf unser Zusammenleben in gesellschaftlichen Strukturen.

Unser gesamtes System ist auf Symptombehandlung ausgelegt, statt sich um die Salutogenese zu kümmern. Der Einzug von Maschinen ohne achtsame und bewusste Eingliederung in menschliche Gemeinschaften hat enorme Auswirkungen auf unser Miteinander.

Solange wir kein Lebensmodell erschaffen, in dem Menschen sinnvoll und unter humanen Arbeitsbedingungen beschäftigt sind; solange wir keine Finanzstrukturen einführen, die uns mit Grundbedürfnissen wie wohnen, essen und kleiden versorgen, solange schaffen wir uns durch die fortschreitende Einführung der Technik weiterhin selbst ab. Diese Lebensweise macht uns krank, lässt

nachhaltig KLEIDEN

uns sich nutzlos fühlen, und wir wissen nichts mehr mit den uns innewohnenden Talenten und Fähigkeiten anzufangen. Durch die Vereinheitlichung unserer Arbeitsplätze müssen wir Tätigkeiten nachgehen, die nicht unserem Potential entsprechen. Das macht eine gesamte Gesellschaft träge und motivationslos.

Energie folgt der Aufmerksamkeit

Wie kommen wir aus diesem Schlamassel wieder heraus? All dieses Chaos kann lähmen. Die Zeit der Ohnmacht will auch gefühlt und gelebt werden, doch aus der Starre kommen wir nur mit Dynamik heraus. Wut, Entsetzen, Angst, heiliger Zorn, Freude, Kreationslust, Tatendrang. Dies alles sind Energien, die zu Bewegung führen. Der Wandel wird nicht von heute auf morgen passieren. Es ist ein schleichender Prozess. Doch jeden kleinen Schritt, den wir gehen, jeden Gedanken, den wir verändern, jedes Handeln, welches wir neu gestalten, formt eine neue Realität.

Nach dem Studieren buddhistischer und anderer asiatischer Lehren, gekrönt von einem Aufenthalt in Indien, stieg in mir dieses tiefe Wissen auf, dass wir zu mehr hier sind als zu konsumieren und unsere Lebensumgebung zu verschmutzen und zu zerstören. Und genau dazu möchte ich dich in diesem ersten Teil meines Kapitels ermuntern. Setze dich nicht unter Druck. Messe dich nicht mit deinen Mitmenschen über den Grad der Nachhaltigkeit. Es geht nicht darum, veganer, ökologischer und bewusster zu sein. Geh als Vorbild für deine Mitmenschen voran. Das ist die beste Möglichkeit, zum Wandel beizutragen. Gehe deine Schritte, gehe sie geschwind, fokussiert und zielgerichtet. Tausche dich aus, differenziere und inspiriere anstatt, zu konkurrieren. In deiner Geschwindigkeit. Und gehe deinen Weg immer ein wenig schneller, als dein Verstand es dir zu können vorgaukelt. Außerhalb der Komfortzone liegt die Magie des Unvorstellbaren. Und genau dort wird der Wandel stattfinden, den immer mehr Menschen mitgestalten.

Über Globalisierung und Nachhaltigkeit

Wenn es um Nachhaltigkeit geht, scheiden sich die Geister. Wann ist ein Produkt nachhaltig? Dies ist eine komplexe Aufgabenstellung. Ein Produkt kann nachhaltig sein, wenn es langlebig ist, das heißt in guter Qualität hergestellt wird. Ein Produkt kann auch nachhaltig sein, wenn der Rohstoff biologisch abbaubar ist. Dass diese beiden Parameter miteinander einhergehen, ist oft gar nicht so einfach zu realisieren. Es fällt auf, dass Kunden gerne alles anders haben möchten, aber nichts verändern wollen. Vor allem muss der Preis gleichbleiben.

Beispiel: Immer wieder höre ich beispielsweise die Aussage, dass es durchaus Modelabels gibt, die günstige nachhaltige Kleidung herstellen. In Supermärkten werden durch Siegel ausgezeichnete biologische Produkte zu einem minimal höheren Preis im Vergleich zu konventionellen Waren angeboten. Doch wenn man genauer hinsieht, ist das nicht real. Die Wirkmechanismen von Massenproduktion und industrialisierten und korrumpierten Lieferanten sind auch hier zu finden.

Unternehmer haben immer abzuwägen, wie viel Fairness und Ökologie sie in ein Produkt stecken, sodass der Preis dennoch einer bestimmten Masse zugänglich gemacht wird, um die Firma auf dem Laufenden zu halten. Eine große Gratwanderung. Letztendlich gehört zu „wahrer Nachhaltigkeit" weitaus mehr, als ein Siegel auf ein Produkt zu kleben. In diesem Zuge möchte ich noch erwähnen, dass es aufgrund der Globalisierung zu großen Werteverschiebungen gekommen ist. Die Subventionspolitik tut ihr Bestes dazu, um zu einer Verzerrung der Realität beizutragen.

Wenn wir „Nachhaltigkeit" streng nehmen, ist der Fokus auf die regionale Wertschöpfungskette und die in sich geschlossenen Verarbeitungskreisläufe zu legen. „Cradle to Cradle". Wo wird produziert? Wer produziert? Wie sind die Gehaltsstrukturen? Woher kommt der Rohstoff? Wie werden die Rohstoffe angebaut, verar-

nachhaltig KLEIDEN

beitet, transportiert? Wie lange sind die Transportwege? Und dann stellt sich noch die Frage: Ist ein Produkt nachhaltig, nur weil der Rohstoff ausgetauscht wurde? Oder Inhaltsstoffe in den Herstellungsrezepturen verändert wurden?

Nachhaltige Produkte zu fertigen, ist also eine komplexe Angelegenheit. Es ist immer eine Abwägung zwischen Leistungserhaltung, Preisrelevanz und dem Einsatz neuer gesunder Materialien. Dadurch, dass menschliches Tun in Konkurrenz zu Produktivität von Maschinen und Geld gebracht wurde, sanken Moral und Respekt in unserem Miteinander. Heutzutage hat sich durch das Billiglohnsystem der Großteil der Produktherstellung nach Asien verlagert. Der Werdegang der gesamten westlichen Gesellschaft hat es so weit getrieben, in Europa und Amerika einen Wohlstand auf Kosten der anderen zu erschaffen. Jedoch ist es nun an der Zeit, diese Strukturen und Machtkämpfe niederzulegen. Wir sind in einer globalisierten, vernetzten Welt aufgefordert – jeder Einzelne von uns – aufeinander zu achten und Wertschätzung füreinander zu gewährleisten. Geiz ist nicht geil und die Zerstörung der Umwelt auch nicht. Wenn wir von Nachhaltigkeit sprechen, geht es immer um eine Konsumveränderung!

Was ist Nachhaltigkeit *streng genommen* für mich persönlich?

> Regionalität fördern
> lokale geschlossene Produktionsketten etablieren
> duplizierbare, dezentrale, kleinteilige Produktionsstraßen aufbauen
> Transparente Rohstoffquellen und Herstellungsprozesse
> Endprodukt muss kompostierbar, gesundheitsunterstützend sein

Über die Nachhaltigkeit in Textilien

In Zeiten von Zertifizierungen, Gütesiegeln und globalisierten intransparenten Produktionswegen ist es ein Leichtes, Werte zu manipulieren. „Green Washing" nennt sich diese Methode und ist mittlerweile häufig anzutreffen, so auch in der Textilbranche.

Zu Beginn dieses Abschnittes möchte ich die für mich drei größten, aktuellen Irrtümer aus der Textilbranche aufzählen:

1. Viskose, Modal, Tencel und Bambus sind keine Naturfasern

Zu den reinen echten Naturfasern zählen Pflanzen wie Baumwolle, Hanf, Leinen, Brennnessel, Seide und Wolle. Viskose, Modal, Tencel und nahezu 98 % aller Bambusstoffe sind zellulosische Chemiefasern, auch Regeneratfasern genannt. Aus Bäumen wie Buche und aus Bambuspflanzen wird die Zellulose herausgekocht und mit etwaigen anderen chemischen Inhaltsstoffen vermischt. Im Viskoseprozess entsteht eine breiige Masse, die im Nassspinnverfahren zu Filamentfasern verarbeitet wird.

Beim Herstellungsprozess dieser Fasern fallen diverse toxische Stoffe wie zum Beispiel Schwefeloxide an. Da die meisten Viskosestoffe aus Asien kommen und dort gängigerweise das Wasser aus der Textilindustrie ungefiltert und ungereinigt in die Gewässer zurückgeleitet wird, ist die Herstellung von zellulosischen Chemiefasern alles andere als nachhaltig. Diese Filamentfasern sind sehr weit weg von Naturfasern. Umgangssprachlich werden für marketingrelevante Strategien Bezeichnungen wie „Baumfasern" verwendet. In der Praxis begegnen mir sehr viele Menschen, die zellulosische Chemiefasern mit reinen, echten Naturfasern verwechseln. So wird auch schnell der Anspruch an dieselbe Weichheit, Schmiegsamkeit und dergleichen erhoben. Jedoch können und werden Naturfasern niemals einer künstlich hergestellten Performance im Labor gerecht. Und das müssen sie auch nicht. Natur ist Natur. Chemie ist Chemie. Und dann gibt es noch Zwischenstufen. Fasern, die auf natürlichen Rohstoffen basieren, aber nicht ausschließlich daraus hergestellt sind, sollten auch dementsprechend deklariert werden.

2. Recycelte Kunstfasermode ist nachhaltig

Dies ist leider nicht korrekt. Zumindest derzeit nicht. Ein verschwindend geringer Anteil an Plastik wird aus dem Meer gefischt und zu recycelten Kunstfasern verarbeitet. Die im Meer herumschwimmenden Plastikteile sind oft zu zersetzt, um sie in der Textilindustrie zu verwenden. Neu hergestellte Plastikkleidungsstücke aus der Überproduktion bestehen zu 98 % aus Mischfasern. Bei Verwendung dieser Ware ist es technisch ein sehr hoher Aufwand, die unterschiedlichen Plastikpolymere aufzuschmelzen, zu trennen, zu reinigen und wieder neu auszuspinnen. Im Herstellungsprozess von recycelten Materialien muss somit sehr viel Energie und Chemie verwendet werden. Zudem sind die Transportwege von recycelter Mode sehr hoch. Ein gängiges Beispiel: Neuware wird in Asien hergestellt und in die Welt verschifft. Die nicht verkaufte Lagerware wird wieder zurück nach Asien geschickt, um dann dort zu recycelten Materialien neu verarbeitet zu werden. Nur wenige Firmen in Europa stellen recycelte Kunstfasern her.

Ein weiteres großes Problem ist der erhöhte Abrieb von Mikroplastik. Die Qualität der Polymerketten schwindet, die Haltbarkeit und die Abriebfestigkeit sinken. So steigt beim Tragen und Waschen der Abrieb von Mikroplastik. Dies ist ein technisches Verarbeitungsproblem, an dem die großen Hersteller zwar dran sind, es jedoch noch nicht gelöst ist, während munter mit der Nachhaltigkeit von Recycling Werbung gemacht wird.

3. Hanf ist haltbarer als Baumwolle

Eine Rohfaser aus Hanf, in Faserbündeln im Stängel angeordnet, frisch am Feld geerntet, ist in der Tat die stärkste haltbare Naturfaser der Welt. Dies merkt jeder Landwirt, der mit seiner Erntemaschine seine angebauten Hanfpflanzen erntet. Nicht selten stehen diese Maschinen in Flammen, bei denen sich die Stängel um die Getriebe gewickelt und die Maschine zum Stillstand gebracht haben. Das gehört mit zum Hanfanbau. Hanf zu ernten ist eine Herausforderung, die Feingefühl erfordert. Wer einen reibungslosen Ernteablauf erfahren möchte, hat sich mit der Pflanze auseinanderzusetzen.

Nun ist es jedoch nicht automatisch so, dass die überaus hohe Festigkeit der rohen Faserbündel im Stängel auch in derselben Performance im fertigen Textil zu finden sind. Zwischen Ernte und Kleidungsherstellung geschehen diverse Prozesse. Bei jedem Schritt muss diese überaus starke Festigkeit weitergegeben werden, um am Ende zu bestehen. Es gibt unterschiedliche Techniken, die Faser aus dem Stängel zu lösen. Diese sind das größte ausschlaggebende Kriterium, welches die Haltbarkeit bestimmt. Nachdem wir die letzten 100 Jahre diese Pflanze prohibiert haben und – wie oben im Geschichtsteil beschrieben – die Textilbranche schon immer als Vorreiterindustrie für die Industrialisierung benutzt wurde, konnten sich keine modernen Techniken, die zu unseren heutigen Verarbeitungsabläufen passen, für die Hanfverarbeitung etablieren. So stehen wir nun im 21. Jahrhundert tatsächlich fast ohne Maschinen und Wissen über die Verarbeitung von Hanffasern da. Das Ausmaß dieses Missstandes darf man sich in ruhiger Minute zu Gemüte führen.

Von Integrität und Wahnsinn

Die Textilindustrie ist unter den Top 3 der größten Umweltverschmutzer weltweit. Warum ist das so?

nachhaltig KLEIDEN

Durch die weiter steigende Produktivität der Textilmaschinen in den letzten Jahrhunderten ist der Konsum von Textilien immer mehr in die Höhe gestiegen. Dieses Wachstum steht selbstverständlich in direktem Zusammenhang mit dem Zeitalter des Kapitalismus. Unbegrenztes Wachstum auf begrenztem Raum war steter Ausgangspunkt jeglichen wirtschaftlichen Handelns. Dass dieser Schuss – mittlerweile deutlich spürbar – nach hinten losgehen muss, ist nicht verwunderlich.

> *Daten und Fakten,*
> *die das Ausmaß verdeutlichen:*
>
> - 25 Millionen Tonnen Baumwolle werden weltweit jährlich geerntet
> - der Großteil aller Baumwollfelder wird künstlich bewässert
> - 10 % aller weltweit versprühten Pestizide und 25 % aller Insektizide landen auf Baumwolläckern, obwohl sie insgesamt nur ca. 2,5 % der weltweiten Anbaufläche ausmachen
> - 50 000 km legt eine durchschnittliche Jeans zurück, bevor sie in deutschen Verkaufsregalen landet (mehr als eine Erdumdrehung)
> - 7000 Liter Wasser verschlingt die Produktion für eine Jeans
> - 75 % der konventionell angebauten Baumwolle weltweit stammen aus gentechnisch modifiziertem Saatgut
> - bis zu 90 % des Biobaumwollsaatgutes sind genmanipuliert
> - Die Baumwollpflanze wird bis zur Ernte durchschnittlich 20-mal mit Ackergiften besprüht

- 20 % der Textilarbeiter*innen in Indien arbeiten sieben Tage pro Woche
- 50 % der Textilarbeiter*innen in Indien verdienen weniger als den gesetzlichen Mindestlohn, der in manchen Regionen kaum mehr als rund 2 Euro am Tag beträgt
- 12-Stunden-Schichten und rund 70 Stunden pro Arbeitswoche sind keine Ausnahme
- 40 000 – 50 000 Tonnen Färbemittel aus der Textilproduktion landen jährlich in den Wasserkreisläufen der Produktionsländer und vergiften Mensch und Umwelt
- 90 % der Chemikalien werden während und nach der Produktion wieder ausgewaschen, 10 % verbleiben in der Kleidung
- in der gesamten Textilproduktion werden über 7000 unterschiedliche Chemikalien verwendet
- 1135 Menschen starben im April 2013 beim Einsturz des Fabrikgebäudes Rana Plaza in Bangladesch. 2438 wurden verletzt. Es ist der bisher schwerste Fabrikunfall in der Geschichte des Landes. Große europäische Modefirmen ließen dort ihre Kollektionen produzieren und sorgten für wenig finanzielle Unterstützung zum Wiederaufbau des Gebäudes bzw. für die Entschädigung der Betroffenen
- 30 % der Arbeiter*innen in den Spinnereien der indischen Textilhochburg Tamil Nadu sind unter 18 Jahre alt. Rund 100 000 der Spinner*innen sind von Zwangsarbeit betroffen (Sumangali-System)
- der jährliche Faseranteil von Leinen beträgt weltweit 1 %, der Kunstfaseranteil liegt bei ca. 60 %, der Baumwollanteil bei ca. 25%
- über Hanf, Leinen und Brennnessel sind kaum Fakten zu finden, da diese Pflanzen derzeit kaum verarbeitet werden

nachhaltig KLEIDEN

Die Auswirkungen der Baumwollverarbeitung auf die Umwelt

Eine Überproduktion an Baumwolltextilien konnte nur im Zuge von Saatgutveränderungen in dieser massiven Form stattfinden. So ist der Saatgutkonzern Monsanto maßgeblich an der Massenproduktion von Baumwolle beteiligt. Der Konzern entwickelte genmanipuliertes Saatgut, welches nur mit bestimmten Pestiziden und Herbiziden brauchbar wachsen kann. Diese Schadstoffe fließen seit Jahrzehnten ungehindert in unsere Gewässer und vergiften langsam und sicher unsere Erde. Bei Baumwolle ist der Wasserbedarf beim Anbau der Fasern besonders zu erwähnen. Ein Kilogramm Baumwollfasern benötigt ca. 11000 Liter Wasser. Hanffasern benötigen im Anbau ungefähr die Hälfte. Durch diesen enormen Trinkwasserverbrauch von Baumwolle, vor allem in der Wachstumsphase dieser Pflanze, sind weiträumige Gebiete in Afrika, Amerika und Asien mittlerweile ausgetrocknet. Der Aralsee ist durch das massive Abpumpen der letzten Jahrzehnte nahezu trockengelegt. Durch die Bewässerung von 500 000 Tausend Hektar Baumwollflächen rund herum entzog es dem See das Wasser. Das Problem an sich ist nicht die Baumwolle, es ist vielmehr die Art, wie wir mit dieser Pflanze umgehen.
Baumwollkleidung ist sehr schmiegsam auf der Haut zu tragen. Die „Urpflanze" ist keineswegs schädlich für die Erde. Wir Menschen haben den Konsum ungehindert nach oben getrieben, unser eigenes Trinkwasser verbraucht und die Böden durch die Düngungen zerstört. Es sind also vielmehr wir selbst, die diese Misere verursacht haben und nicht die Baumwollpflanze. Zudem ist nicht anzunehmen, dass Hanfkleidung deutlich weniger Wasser benötigt, da der gesamte Herstellungsprozess betrachtet werden muss. Es gibt bei der Weiterverarbeitung von Hanffasern Prozesse, bei denen sehr viel Wasser benötigt wird. Wie genau die Bilanz aussieht, wird sich in den nächsten Jahren bei zunehmender Wie-

derverarbeitung und Neuetablierung heutiger Verarbeitungsprozesse zeigen. Die Verwendung von Hanffasern steht derzeit erst wieder am Anfang.

Die Auswirkungen von Chemiefasern auf die Umwelt

Der weltweite Verbrauch von Erdöl beträgt für die Textilherstellung zwar nur wenige Prozent, jedoch ist das Ausmaß der Umweltzerstörung von Plastikkleidung enorm. Die stetige Entwicklung und vermehrte Verwendung von unterschiedlichen Kunststofffasern belastet die Umwelt in mehrfacher Hinsicht. Bei der Herstellung von Kunstfasern benötigt man einen hohen Chemikalieneinsatz. Ein Brei aus langkettigen Kohlenwasserstoffverbindungen/Polymerketten, Acetaten und Weichmachern formt diese Chemiefasern. Durch das Tragen und vor allem Waschen entsteht Mikroplastik, welches ungefiltert in unser Trinkwassersystem gelangt. Im Juli 2007 trat die REACH-Verordnung in Kraft (EU-Chemikalienverordnung) und verbot unter anderem die schädlichsten Weichmacher für europäische Hersteller. Da jedoch der Großteil der Textilien in Asien produziert wird, in Ländern, in denen es solche Verordnungen nicht gibt, werden dennoch toxische Waren nach Europa eingeführt.

Warum dürfen Waren, die ohne vergleichbare Verordnungen produziert werden, auf einen Kontinent gelangen, der als weltweiter Vorreiter für Produktionsstandards gilt? Es lässt sich geopolitisch abzeichnen, dass eine Etablierung europäischer Fertigung dadurch geschwächt wird. Hier ansässige Firmen haben seitdem mit großen Produktionsherausforderungen zu kämpfen. Beispiel: Es wurden einige „schädliche" Weichmacher verboten, jedoch gab es 2007 keine ausreichend vergleichbaren Alternativen auf dem Markt. So standen die europäischen Herstellerfirmen 2007 vor einer großen Herausforderung. Oftmals ist die Performance vor

nachhaltig KLEIDEN

allem von technischen Textilmaterialien gesunken. So vermindert sich wiederum die Haltbarkeit der Materialien. Diese Komplexität, die ich weiter vorne bereits beschrieben habe, ist nicht zu unterschätzen.

Des Weiteren kommen in der Stoffveredelung beim Waschen und Färben (bei Leder ist es Chrom 3 und 6) viele weitere Chemikalien zum Einsatz. In privaten Haushalten sind Bestandteile in Waschmitteln für die eigene Kleidung in Gebrauch und runden das Chemikalienerlebnis ab. Herkömmliche Waschmittel haben eine chemische Struktur, die sich nur noch schwer in ihre Einzelteile zersetzen lässt und somit ebenso im Abwasser und auch Grundwasser landet. Biologische Waschmittel sind hier empfehlenswert.

Fast Fashion – Slow Fashion

Jährlich werden über 80 000 Milliarden Kleidungsstücke neu produziert. Wohin damit? Die Kleidung der Massenproduktion wird von den Textilkonzernen in bis zu 12 Kollektionen aufgeteilt und monatlich auf den Markt gebracht. Diese Mode wird als Fast Fashion bezeichnet. Jährlich fallen ca. 80 000 Tonnen Textilmüll an. Damit sind Kleidungsstücke gemeint, die aus der Überproduktion unbenutzt übrigbleiben und nicht abverkauft werden. Diese liegen haufenweise herum, vor allem in den Straßen von Bangladesch. Der Großteil der hergestellten Kleidung kann durch die Fasermischungen zwischen Natur- und Kunstfaser auch nicht mehr kompostiert werden. Stoffmischungen unterschiedlicher Chemiefasern können nur mit sehr hohem Chemikalienaufwand recycelt werden.

Aus dieser Überproduktion und den fatalen Auswirkungen der Fast Fashion Industrie hat sich in den letzten Jahren die Bewegung „Slow Fashion" entwickelt. Immer mehr Schneider und Designerlabels versuchen durch „Upcycling" einen Mehrwert aus den fertig hergestellten Textilien und dem „herumliegenden Müll" zu erschaffen. Auch gibt es immer mehr kleine Labels, die von großen

Konzernen Reststoffe einkaufen und daraus individuelle Designermode herstellen. Der deutsche Konsument kauft pro Jahr durchschnittlich 60 Kleidungsstücke ein, wovon er 40 % nie trägt. So gibt es immer mehr Kleidung, die in Secondhandläden landet. Oftmals ist dort kaum bis gar nicht getragene Ware zu finden. Dies ist also eine stetig wachsende Gegenbewegung, die dem Konsumwahn ein wenig den Wind aus den Segeln nimmt. Bei gleichzeitigem Aufwachen der Konsumenten wird es die nächsten Jahrzehnte sehr spannend werden, wie sich die Textilbranche weiterentwickeln wird. Was wir aus dieser Misere mit unserem besten Gewissen und Wissen gestalten, liegt an jedem Einzelnen.

Naturfaserkleidung aus Hanf, Leinen und Brennnessel

Drei lang vergessene heimische Faserpflanzen. Der gemeinsame Nenner liegt in der Art des Faseraufbaus bzw. der Faserart. Alle drei Fasern sind Bastfasern. Sie wachsen im Stängel, aus dem sie zur Verarbeitung zu Garn herausgelöst werden müssen. Lediglich 1 % der jährlich produzierten Textilwaren bestehen aus Leinen. Hanf und vor allem Brennnessel werden in so kleinem Maßstab verarbeitet, dass sie derzeit noch gar nicht erfasst sind. Brennnesselstoffe sind bei optimaler Verarbeitung die vegane Variante von Seide. Durch die Verwendung dieser drei Pflanzen im Sinne der Gemeinwohlökonomie sowie des Postwachstums können dezentrale, autonome, duplizierbare und kleinteilige textile Produktionsketten aufgebaut werden. Die Verwendung von heimischen Fasern führt die Wertschöpfung an ihren Ursprung zurück.

Eigenschaften und Merkmale von Naturfasern

Ich höre immer wieder von Erfahrungswissen, dass es Verarbeitungsmethoden für Naturfasern gibt, die das Potential eines fer-

nachhaltig KLEIDEN

tigen Kleidungsstücks hervorbringen, medizinisch zu wirken. Ich möchte selbstverständlich keine festgelegte wissenschaftlich korrekte Aussage tätigen, dazu fehlen noch zu viele Informationen und Untersuchungen, jedoch ist es für mich der interessanteste Ansatz, Kleidung dahingehend zu produzieren.

Regionale Faserpflanzen wie Hanf, Leinen und Brennnessel eignen sich hervorragend, um im europäischen Raum kultiviert zu werden. Auch Schafwolle, Alpaka- und Ziegenwolle können hier ganz wunderbar hergestellt werden. Es muss bereits am Feld bei der Ausbringung des Saatguts der erste Meilenstein für Nachhaltigkeit gesetzt werden. Genauso bei der Tierhaltung, der Futtergabe und dem Scheren der Wolle von Schafen, Alpakas und Ziegen. Jede Faser, die ursprünglich verarbeitet wird, erfüllt ein Spektrum an antibakterieller Wirkung auf der Haut. Nach den neuesten Untersuchungen von französischen Kollegen scheint tatsächlich die Hanffaser (bei naturbelassener Verarbeitung!) die beste antibakterielle Wirkung zu haben. Jede Naturfaser, die im Herstellungsprozess stark manipuliert wurde, wird in ihren Fähigkeiten des Tragekomforts geschwächt. Sei es beim Eingriff in das Saatgut oder bei der chemischen Aufarbeitung während des Spinn- und Färbeprozesses.

Reine Naturfasern gleichen den Körper aus. Die derzeitige konventionelle und leider auch die meiste Bio-Baumwolle klammere ich bei diesem Begriff aus, da das Saatgut so weitreichend manipuliert wurde, dass leider nun mehr nur noch wenige natürliche Eigenschaften vorhanden sind. Es gibt jedoch noch alte Baumwollsorten, die kultiviert werden können. Darin ist die Essenz der Natur noch erhalten.

Bekleidung aus Hanf ist für die Haut wie Urlaub in der Karibik. Die mikroelektrische Spannung der Hanffaser ist dieselbe wie die der Haut. So reizt das Tragen des Hanfstoffes die Hautoberfläche nicht und ist somit besonders für hautempfindliche Menschen (Neurodermitis, Rötungen, kann auch Schuppenflechte lindern) geeignet.

Dasselbe wird auch über Leinen und Brennnessel gesagt. Durch die Kapillarwirkung der Bastfasern ist eine gewisse Atmungsaktivität gegeben. Bastfaserbekleidung kann somit kühlen und auch wärmen! Ebenso ist Naturbekleidung überaus hervorragend als Funktionsunterwäsche zu empfehlen. Die hohe Absorptionsfähigkeit der Hanffaser (drei- bis viermal höher als bei Baumwolle) lässt den Körper nicht feucht anfühlen. Zu den genauen Fähigkeiten von Leinen und Brennnessel und deren Unterschieden lässt sich leider noch nicht sehr viel berichten. Es gibt dazu zu wenige Untersuchungen. Diese drei wunderbaren Pflanzen werden ihr „Comeback" die nächsten Jahre erst wieder genießen.

Naturfasern schenken dem Menschen ein Gefühl der Ganzheit. Kunden beschreiben dieses Gefühl oft als ein „nach Hause kommen" in den eigenen Körper. Schon nach kürzester Zeit verschmilzt die Bekleidung mit dem Körper und wird so zur zweiten Haut.
In einigen Überlieferungen wird sogar über die abschirmende Funktion von Naturkleidung vor äußeren energetischen Einflüssen, wie zum Beispiel heutzutage Elektrosmog, gesprochen. Diesbezüglich liegen allerdings noch keine wissenschaftlichen Untersuchungen vor.

Rohstoff Hanf

Wie vorhin bereits erwähnt, wurde ich durch die Recherche über Hanf zu sehr vielen weiteren Themen wie Ökologie, Ökonomie und Kreislaufwirtschaft geleitet, welche heute mein aktives Handeln beeinflussen. Doch gab es eine Zeit, in der ich mich intensiv ausschließlich mit Hanf befasst habe. Hanf ist der universellste schnellnachwachsende Rohstoff weltweit. In diesem Buch schreibe ich nicht nur über diese Wunderpflanze, doch möchte ich dennoch gerne die Essenz dieses Rohstoffes weitergeben. So habe ich mich entschieden, ein selbst geschriebenes Gedicht hier erstmals zu veröffentlichen.

nachhaltig KLEIDEN

Eine Ode an dich – du heilige Hanfpflanze

Du wunderschönes göttliches Wesen.
Mit einer Leichtigkeit wächst du im Sauseschritt
auf Feld und Flur.
Deine Genügsamkeit spiegelt uns die Einfachheit
des Seins wieder.
Du erstrahlst mit deiner weiblichen Urkraft und durchleuchtest alles um dich herum.
Du strahlst so hell, dass manche gar Angst vor dir haben.
Deine Präsenz ist so stark, deine Vielfalt so universell.
Das ist so manchem ein Dorn im Auge.
Majestätisch erwächst du einige Meter hoch und
beschenkst uns mit deinen reichen Gaben.
Wenn es dir an einem Ort gefällt, verbreitest du dich rasch
und blühst in voller Pracht.
Wir dürfen dich beobachten, von dir lernen.
Deine Hingabe an das Wachsen
– die Fruchtbarkeit im Teilen ausgelebt.
Wenn wir dich genießen, verfallen wir
in eine tiefe Wachheit.
In einen Zustand, der unsere Wahrnehmung erweitert und
uns zu tiefer Selbsterkenntnis führt.
Ein Dasein, einfach Sosein in Frieden offenbart sich.
Auch kann es passieren, dass sich schwere Blockaden
lösen. Dies kann zu Unausgeglichenheit führen.
Manche Menschen wollen dich so sehr, dass sie das Maß
vergessen und sie vergessen auch, dass durch ein vehementes Wollen eine Gegenresonanz entsteht.

> Mit Geduld, einem offenen Herzen und Güte können wir Dir
> am besten begegnen.
> Und die Wahl deiner Sorte will sorgfältig durchdacht sein,
> sowie die Darreichungsform.
> Für manche Menschen ist ein bloßes Gewahrsein deines
> Antlitzes die geeignete Dosis.
> Demut und Gleichmut zeichnen dich aus.
> So ist dir die Göttin Freya, die Göttin der Liebe zugeordnet.
> Denn schon vor einer sehr langen Zeit wurdest du verehrt
> und gehuldigt.
> Jetzt ist die Zeit gekommen, dir wieder deinen Platz in
> unserer Mitte zurückzugeben.
> So laden wir dich herzlich ein, uns beizuwohnen.
> Komm in unsere Mitte! Komm in unser Herz.
>
> Copyright by Ursula Mock

Hanf ist ein jahrtausendaltes Naturmaterial und wächst seit dem Jahr 800 im Voralpenraum. Die Gründe, warum diese Nutzpflanze schon sehr lange in der Geschichte der Menschheit eine wichtige Rolle spielt, liegen wohl daran, dass die Hanffaser die kräftigste und haltbarste natürliche Weichfaser auf unserem Planeten ist. Die Verwendung der Hanfschäben im Hausbau sorgt für eine saubere basische Raumluft. Bei natürlicher Verarbeitung der Hanfschäben zu Ziegeln bzw. Spachtelmasse entsteht kein Sondermüll.

Warum ist Hanfkleidung derzeit viel teurer als andere Kleidung?

Diese Frage wird oft gestellt. Nun, zum einen liegt dies an dem kapitalistischen Bewertungssystem, dass massenhergestellte Ware

nachhaltig KLEIDEN

günstiger ist. Da Hanfkleidung derzeit in sehr geringem Ausmaß hergestellt wird, ist der Preis auf dem globalen Markt automatisch höher. Zum anderen ist die Gewinnung von Hanffasern bzw. die Herstellung zu Garn ein sehr aufwendiger Prozess. Es werden mehr Maschinenprozesse benötigt, um die Faser spinnfähig zu machen, als beispielsweise bei Wolle oder Baumwolle.

Bei der Verwendung von Hanffasern ist eine regionale Produktion seitens des Rohstoffanbaus möglich, da diese Pflanze fast überall auf diesem Planeten wächst. Daher entfallen künstlich entwickelte werteverfälschende Systeme wie Subventionen und ebenso eine günstige Herstellung durch Sklaverei in den Dritten Weltländern. So erhält ein regional hergestelltes Produkt die Wertschätzung zugeordnet, die dem Werteindex und demografischen Zahlen des jeweiligen Landes entsprechen.

Warum gibt es noch fast keine Auswahl an Hanfstoffen und Kleidung auf dem Markt?

Die Auswahl und vor allem Möglichkeiten zur Entwicklung unterschiedlicher Hanfgarne, Hanfstoffe sowie Hanfkleidung ist derzeit (Stand 2020) im Bereich Hanf und – es sei auch die Brennnessel erwähnt – verschwindend gering. Dies liegt hauptsächlich an der systematischen Ausgrenzung der Hanfpflanze in den letzten 100 Jahren. So hat die Prohibition maßgeblich eine Auswirkung auf den Textilbereich.
In diesem Zuge ist auch zu erwähnen, dass die alten Textilhanfsorten nahezu verschwunden sind. Die Sorten des erlaubten Saatgutes auf der EU-Liste sind kultivierte Industriesaaten und ein paar wenige sind auch für Textil geeignet. Jedoch sind die perfekt geeigneten Sorten für Textil, die unsere Vorfahren regional verwendet haben, verschwunden und demnach auch nicht auf der EU-Liste. Nach meinem letzten Recherchestand durch mündliche

Gespräche scheinen richtig gute Fasersorten alle mehr als 1 % THC zu beinhalten. Diese sind in Europa derzeit ohnehin nicht zum Anbau erlaubt. Hier liegt die Grenze bei 0,2 – 0,3 % THC. (Zur Info für den Konsumenten: ab einem THC-Gehalt von 5 % beginnt beim Konsum eine psychodelische Wirkung). Die Textilbranche richtet sich langsam und dennoch stetig wieder vermehrt auf den Einsatz von Hanftextilien aus. Um die bestmöglichsten Qualitäten zukünftig zu gewährleisten, sollten die alten Textilsaaten für den Anbau für Textilien wieder zum Kultivieren erlaubt werden. Es wird in den nächsten Jahren noch sehr spannend werden, wie sich Politik und Industrie positionieren und etwaige Gesetzesänderungen folgen. Dort liegt derzeit die Macht, um großflächig für Veränderungen zu sorgen.

Die Hanfpflanze wird für die kommenden Jahrzehnte weltweit eine zentrale Rolle in der Rohstoffgewinnung für Plastik, Baustoffe, Textilien, Medikamente, Kosmetik sowie Lebensmittel spielen. Doch ist es sinnvoll, alle derzeitigen Produkte damit auszutauschen? Meiner Meinung nach nicht, denn so würde nur eine Monokulturverlagerung stattfinden. Auch hat es keinen Sinn, alle petrochemischen Produkte aus Hanföl herzustellen. Wir müssten dafür so viel Hanf anbauen, dass überall nur noch diese Pflanze wachsen würde. Für mich stellt sich somit die Frage, wie kann dieser Rohstoff sinnvoll verarbeitet werden, ohne die alten Strukturen zu bedienen? So haben wir Pioniere und Unternehmer nun exklusiv die Möglichkeit, nach dem langen Vergessen dieser Pflanze alles neu und bedacht zu gestalten.

In allem Anfang wohnt ein Zauber inne

Da diese Pflanze bis zu acht Tonnen Rohstoff pro Hektar abwirft, eignet sie sich hervorragend, um auf wenig Raum viel Ertrag zu erwirtschaften. So können andere Ausgleichsflächen beispielsweise für die Renaturierung genutzt werden. Mit Hilfe der Technik können wir Ressourcenmanagementprogramme entwickeln, die

nachhaltig KLEIDEN

durchaus effektiv und gezielt die Rohstofferträge kleiner Anbauflächen erfassen. Mit Hilfe von dezentralen Verarbeitungskreisläufen gelingt es uns, die Biodiversität zu stärken und mit einem gewissen Überblick über die Produktionskapazitäten zu verfügen. Das maßlose Überproduzieren von Waren können wir uns ökologisch schon lange nicht mehr leisten. Wann beginnen wir dies zu verändern? Durch kleinteilige Dimensionen von Wertschöpfungsketten wird die Freiheit, die die Landwirte die letzten Jahre an die Industrie abgeben mussten, wieder an sie zurückgegeben. Wir erhalten somit wieder den Überblick über den realen Abtrag von Ressourcen.

Ich persönlich habe aus einem einzigen Grund angefangen, mich mit der Hanfpflanze zu beschäftigen. Sie ist für mich der wichtigste universelle Rohstoff weltweit. Sie wächst nahezu überall und produziert ein Vielfaches an Biomasse, welcher in keinem Vergleich zu einer anderen Pflanze wächst. Egal, welchen Bereich ich mir angeschaut habe, immer wieder kam die Hanfpflanze als ergänzende Teillösung ins Bild. Sei es als Lebensmittel, Medizin, Kosmetik, Textil, im Bau oder in der Plastikindustrie. Die Verwendung dieses Rohstoffes hat für mich nur einen Sinn, wenn wir die Verarbeitungskreisläufe regional, dezentral und autonom erschaffen. Ansonsten gestalten wir alte Wege, bestückt mit grüner Dekoration. Nachhaltige Biodiversität erschafft sich immer kleinteilig. Jeder Konsument entscheidet für sich selbst, ob er lokal hergestellte Hanfprodukte einkauft. Ich mag dazu gerne ermuntern. Die Hanfbranche hat sich in den letzten zwei Jahren sehr zentralistisch und ausbeuterisch aufgebaut. Die großen Industrien sind mittlerweile aufgewacht und versuchen durch etwaige Gesetzessteuerungen Hanfprodukte zu ihrem Vorteil herzustellen. Jedoch hat dies nicht viel mit Nachhaltigkeit zu tun. Nicht jedes Produkt, welches aus Hanf ist, ist gesund und grün. Hanfliebe steht für ein Projekt, welches einen neuen Weg der Textilverarbeitung, des Produktsortiments von Hanfwaren aus anderen Bereichen sowie eine branchenübergreifende Verarbeitung entwickelt. Gemeinsam mit anderen, im Sinne von genossenschaftlichen Prinzipien. In diesem Projekt werden neue Lösungen erarbeitet und Wege vorausgegangen, dem andere folgen können.

Die Wurzel von heute ist der Humus von Morgen

Wenn Menschen beginnen aufzuwachen, hinzusehen und zu erkennen, in welchen systemisch undienlichen Strukturen wir stecken, breitet sich anfangs gerne die Ohnmacht aus und die Überforderung meldet sich. Immer wieder werde ich gefragt, welchen Tipp ich hätte, seinen Kleiderschrank nachhaltiger zu gestalten. Ich persönlich empfehle dir, deine Kunststoffkleidung Stück für Stück mit Naturfaserkleidung auszutauschen.
Konsumiere bewusst und wähle beim Kauf von etwas Neuem bedacht den Hersteller aus. Das bedarf vermutlich einer genaueren Recherche, denn noch ist es nicht so einfach, all die kleinen Labels, die es bereits gibt, schnell und einfach zu finden. Ich habe auch Kunden, die sich monatlich Geld wegsparen, um sich einmal im Jahr hochwertige Kleidung zu kaufen.
Funktionstextilien wie Regen- und Winterjacken können durch Wollkleidung ersetzt werden. Dies ist jedoch nicht jedermanns Geschmack und wir sind vor allem im Outdoorbereich Standards mit hohem Komfort gewohnt. So müssen wir selbstverständlich nicht mehr zurück ins Steinzeitalter. Ein bedachter Konsum ist schon der erste Schritt. Und wenn jeder Haushalt nur 10 % seiner Kleidung an die Natur anpasst, ist schon sehr viel gewonnen. So ist es hilfreich, so wenig wie möglich und sehr gezielt Kunstfaserkleidung zu tragen und zu waschen bzw. Outdoorwaren wie zum Beispiel Zelte zu verwenden.

Oft hängt auch unsere bequem eingerichtete Komfortzone mit nötigen Veränderungsschritten zusammen. Diese Muster können reflektiert und geändert werden.

nachhaltig KLEIDEN

Es sind die kleinen Schritte, die bei sieben Milliarden Menschen schon einen großen Unterschied machen. So ist es am Wichtigsten, dass wir uns Stück für Stück auf den Weg machen. Das kann jeder tun.

Festgesteckt in seiner eigenen Haut

Jeder Mensch hat unterschiedliche Rollen. So gilt für jeden, seine Rollen so achtsam wie nur möglich auszuführen. Für einen zügigen, globalen, nachhaltigen Wandel benötigt es meines Erachtens auf jeden Fall die politische Handlung zumindest für die Prozesse, die sehr systemisch und industriell bestimmt sind. Ansonsten sind wir in unseren eigenen Lebensbereichen mit unserer Eigenverantwortung gefordert, Veränderung zu provozieren.

Modetrends beeinflussen unsere Wahrnehmung oder umgekehrt?

Ich mache hier noch darauf aufmerksam, dass unser Bewusstsein, unsere Wahrnehmung und unser Geschmack maßgeblich von den vorgegebenen Trends beeinflusst werden. Hinter all den hiesigen Modekampagnen stehen unendlich viele Milliarden Dollar, die dazu beitragen, dass wir mehr und schneller das Gleiche konsumieren. Es liegt an unserer eigenen Selbstbestimmung, inwiefern wir uns von außen beeinflussen lassen.

Gehst du an der Kasse an den Süßigkeiten vorbei oder wirst du schwach und folgst deinen (un-)bewussten Gelüsten?
Derzeit sind grelle Farben, enge Schnitte und Transgender-Kleidung angesagt. Ob wir diesen Trends folgen und uns so nachkleiden, liegt an uns selbst. Naturkleidung wird nie genauso wie aus Laborfasern hergestellt aussehen oder sich anfühlen. Naturfaserstoffe benötigen eine andere Schnittführung im Design, um zu ei-

nem tollen Kleidungsstück zu werden. Trägst du Roboterkleidung oder Seelengewänder? Wir selbst müssen uns bereit machen, einen neuen Modestil als „schön" zu empfinden, neues Kaufverhalten zu integrieren und den Konsum nicht mit dem Verlangen nach Nähe und Zufriedenheit zu kompensieren. Unsere Haut ist vor lauter Glycerin und künstlichen Aromen so abgestumpft, dass wir natürlich hergestellte Stoffe zunächst als rau empfinden. Man könnte provokativerweise auch sagen, wie sehr wir verweichlicht sind. Wir selbst müssen für neue Wege in uns Platz machen, um sie dann im Außen zu gehen.

Wege sind aus Mut gemacht

So manche belächeln meine Gedanken und bewerten mich als naiv. Ich finde, wir sollten alle viel kindlicher und verspielter sein sowie freier denken. Man kann nie genug träumen, denn aus Träumen werden Schlösser gebaut. Diese Art des Seins würde uns zu sehr viel Leichtigkeit verhelfen und Möglichkeiten entdecken lassen, die erdenfreundlich und menschenwürdig sind.

Wenn man in Meetings mit Investoren, Banken oder rein systemisch ausgebildeten Betriebswirtschaflern sitzt, dann kann es nahezu ausweglos erscheinen, neue Wege einzuschlagen. Selbstverständlich ist es ratsam, ohne Widerstand die Parameter des jetzigen Systems zu beachten. Gleichzeitig liegt es an mir, ob ich beginne, Freiräume für etwas Neues zu erschaffen. Und seien es die „Träumereien". Unsere Gedanken formen unser Handeln. Wer kannst du selbst sein, um zu wagen, groß und anders zu denken? Wie kannst du Mut für dich aufbringen, um dich jeden Tag etwas mehr verrückter und authentischer zu zeigen?

So mancher schmunzelt und belächelt die Visionäre und Pioniere, die Andersschaffenden und Neumacher. Ich sehe nur in der steten Veränderung die einzige Konstante. Genauso wie wir vor 300 Jahren nicht einmal das Wort „Mobiltelefon" kannten, wird in 300 Jahren die Welt wieder ganz anders aussehen.

nachhaltig KLEIDEN

Wenn Bewusstwerdung und Eigenverantwortung sich treffen, entsteht Neues

Durch die tägliche Achtsamkeitspraxis und Selbstreflexion hin zur Bewusstwerdung. Wenn wir diese mit unserer Eigenverantwortung paaren, dann kann Veränderung geschehen. Mit unserem Tun beschließen und zeigen wir im Außen unsere inneren Vorgänge. Mehr denn je beobachte ich unser gesellschaftliches Potential für neue Wege.

Was ist der Treibstoff für mein Handeln?

Die Entscheidung, mich immer wieder aufs Neue mit meinem Inneren in der Öffentlichkeit zu zeigen, erfordert Mut. Jedes Wort, welches seine Reichweite erhöht, zieht ein Echo an unterschiedlichen Frequenzen mit sich.

Was ist der Treibstoff für mein Handeln? Es überwiegen die Neugierde und der Entdeckergeist in mir, um über mich hinauszuwachsen. So springe ich auch hier in diesem Buch weit aus meiner Komfortzone und teile mit dir Worte aus einem heiligen Raum in mir. Manchmal bereite ich mich Monate innerlich auf ein Interview / einen Vortrag vor, um mental die Welle an Rückprojektion der Zuschauer zu stemmen. Ich weiß um die Wirkung von Menschen, die über das Neue sprechen. Diese gab es schon immer, denn sonst stünde unsere Gesellschaft immer noch im Wald und würde dort Feuer schüren. Es waren immer die Vordenker, Andersdenker, Neudenker, die zur Umwandlung gegebener Tatsachen in etwas Neues beigetragen haben. Menschen, die neue Ideen vordenken, kreieren ganz neue Strukturen im Feld der Möglichkeiten. Ich bin gerne ein solcher.
In jedem von uns wohnt das Potential der Vorstellungskraft. Wir könnten umgehend alle undienlichen Regeln dieses Systems ver-

ändern. Doch warum funktioniert es nicht, bzw. was muss geschehen, damit dies funktioniert? Wir müssen uns geistig vorbereiten. Unsere Glaubenssätze kennenlernen, unseren Groll, unsere Ängste und Widerstände. Wenn wir uns mit unserem geistigen Potential und unseren Fähigkeiten beschäftigen, können wir uns weiterentwickeln. Der Mensch lernt durch „Leid und Schmerz". Dann wenn es unangenehm wird, beginnen wir uns zu bewegen. Ausnahmesituationen, die uns herausfordern, öffnen neue Türen in unseren Köpfen.

Wir können nicht alt denken und Neues gestalten wollen

Ich frage mich schon einige Jahre, wie ich die Veränderung sein kann, die ich mir wünsche. Jeden Moment besteht die Möglichkeit, neu zu wählen. In dieser Frage zu bleiben, bringt oft ungeahnte Möglichkeiten und Ideen hervor. Jeder ist selbst sein ganz eigenes Lebensprojekt, welches hier ist, um sich weiterzuentwickeln.
Wenn wir anfangen wollen, die Erde zu einem Ort der Fülle, des Friedens und der Vielfalt zu gestalten, müssen wir verstehen, dass Geld nichts ist, was begrenzt und nur bestimmten Kreisen zugängig gemacht ist. Es ist lediglich Spielschein und Spielmünze. Wenn wir erst einmal verstanden haben, dass alle Materie aus unerschöpflichen Energien stammt, die jedem von uns gleichermaßen zur Verfügung steht, dann verändert sich unser Bewusstsein und demnach unser Handeln. Dann müssen Menschen und Produkte nicht mehr in Stunde, Einheiten, Rentabilität sowie Produktivität kalkuliert werden. Solange Prozessabfolgen getaktet sind, bleibt es eng für die Fülle. Wir müssen tief in uns einen Erlebnisraum etablieren, der dafür zugänglich wird. Dies benötigt konsequentes geistiges und auch körperliches Training.

Ich schließe dieses Kapitel aus diesem Buch „Das macht Sinn" mit folgendem Zitat ab:

nachhaltig KLEIDEN

> „Der Mangel an Selbsterkenntnis ist die Essenz der Ignoranz. Und das führt zu diesem unermesslichen Leiden, das überall in der Welt ist. Wir verstecken uns hinter Masken, wissenschaftlichen Untersuchungen, Heuchelei."
> *Krishnamurti*

Es ist mir eine Freude gewesen, dich durch diese bunte Mischung diverser Themen begleitet zu haben. Neue Informationen zu verdauen, braucht Zeit. Jegliche Impulse, die wir unserem Verstand zuführen, mögen wohl integriert werden. Es geschieht dadurch eine Wandlung deines geistigen Zustandes. Es tut gut, gebündelten Informationen Zeit für die Integration zu geben. Ich bedanke mich zudem auch sehr herzlich für die Unterstützung meines Partners und der mir nahestehenden Menschen. Mit euch an meiner Seite fühle ich mich getragen und bestärkt. Danke für euer Sein.

Liebe Leserin, lieber Leser, dir wünsche ich für deine Zukunft alles Liebe. Viele wohlwollende, mutmachende und verständnisvolle Menschen um dich herum. Ich wünsche dir einen perfekten Nährboden, um bestmöglich über dich hinauszuwachsen. Vielen Dank für deine Aufmerksamkeit!

Quellen:
Museen: Hanfmuseum Barcelona und Berlin
Textilmuseum St. Gallen und Albstadt
Bücher:
Jack Herer „Die Wiederentdeckung der Nutzpflanze Hanf"
1000 Jahre Kleidersorgen
Sonstige:
Femnet, Diverse Vorträge, Zeitungsartikel, Online-Recherche
Diverse Reportagen über die Textilindustrie
https://utopia.de/kleidung-fasern-mikroplastik-34770/
https://deraralsee.wordpress.com/

Kapitel 8

Nachhaltig TRINKEN

Stadtwerke München
Rainer List und Cornelia Schönhofer

Stadtwerke München

Nachhaltigkeit ist für uns:

Die Wasserversorgung für kommende Generationen in Qualität und Quantität erhalten. Sie anpassungsfähig (Klimawandel, Bevölkerungszuwachs…) und erweiterbar gestalten.

Warum ist unser Projekt nachhaltig?

Weil sowohl die Entwicklung der Münchner Wasserversorgung, wie auch das Trinkwasserschutzprogramm auf Nachhaltigkeit und Beständigkeit aufgebaut ist. Denn das Programm Ökologische Landwirtschaft sichert und erhält die Böden in den Gewinnungsgebieten und vermindert durch aktiven Grundwasserschutz Einträge in das Grundwasser.

Steckbrief

Was uns motiviert?

Münchens quellfrisches Trinkwasser von hervorragender Qualität, auch für die Zukunft zu erhalten.

Was raten wir anderen Unternehmern?

Trinkwasserschutz ist Gemeinschaftsaufgabe; jeder kann etwas dazu beitragen; Trinkwasser aufbereiten nur in Fällen, in denen man keine andere Wahl hat.

Unser Tipp für Verbraucher:

Durch den Einkauf von ökologischen Lebensmitteln aus den Gewinnungsgebieten, unterstützt der Verbraucher indirekt den landwirtschaftlichen Hersteller-Betrieb.
Er sichert damit den landwirtschaftlichen Betrieb, der durch die ökologische Bewirtschaftung seiner Flächen letztendlich das Trinkwasser schützt. Der sorgsame Umgang mit Trinkwasser ist wichtig, denn Trinkwasser ist Leben.

Unsere Ziele sind:

Das Ökoprogramm weiter ausbauen um möglichst breitgefächerten Trinkwasserschutz leisten zu können.
Weitere Kooperationen zu schließen. Landwirte finden, die gerne und aus Überzeugung am gemeinsamen Projekt teilnehmen wollen. Permanente Trinkwasseraufbereitung verhindern.

Die Trinkwasserversorgung der Landeshauptstadt München

Einleitende Worte

Die Geburtsstunde der Münchner Wasserversorgung, so wie sie uns heute bekannt ist, begann mit dem Jahr 1883 und stellte eine Wende in der kommunalen Daseinsvorsorge dar. Betrachtet man Großprojekte in Industrie, Forschung und Städtebau, die während der Industriellen Revolution des 19. Jahrhunderts entstanden sind, findet man viele vergleichbare Projekte, die auch heute noch einen unverzichtbaren wichtigen Bestand für die Menschheit haben. Um nur ein paar zu nennen: technische Umsetzung der Elektrizität, Erfindung der Eisenbahn und Ausbau von kontinentübergreifenden Schienennetzen, Entwicklung der Dampfmaschinen, Bau von Industrieanlagen und Handlungswegen... Lokal gesehen war die Gründung der Münchner Wasserversorgungen ein zwar gewagter, aber dennoch notwendiger und einzigartiger Schritt, um eine heranwachsende Großstadt mit sauberen Trinkwasser zu versorgen. Heute weiß man, es war ein unglaublicher technischer Aufwand, mit den damals zur Verfügung stehenden ingenieurtechnischen Mitteln ein Werk in Präzision und Nachhaltigkeit zu schaffen, das auch heute noch eine Millionenstadt mit Trinkwasser versorgt.

2020 kommt das Trinkwasser für München aus dem Alpenvorland im Süden und Südosten der bayerischen Landeshauptstadt. Geschützt unter Gesteinsformationen, bringt es ein Quellwasser von außerordentlicher Qualität hervor.
Aber es hat Leidenschaft, einen gemeinsamen Einsatz von Menschen und einen Zeitenwandel gebraucht, um dort zu stehen, wo wir heute sind.

nachhaltig TRINKEN

Brunnhaus am Isarberg und Blick auf München im 18. Jahrhundert. (Nach einem Stich von Jungwirth.)

Wie kam es dazu

Die Geschichte der Münchner Wasserversorgung begann wie überall mit einfachen Brunnen, aus denen Wasser mit Stange und Eimer geschöpft wurde. In unserem wasserreichen Gebiet mussten die ersten Siedler nicht tief graben, um klares und gutes Wasser zu finden. (1) Das Grundwasser liegt je nach Höhenlage des Stadtteils oder Entfernung von der Isar mehr oder weniger tief unter der Oberfläche (2).

Die erste Nachricht von einem Brunnen, der auf Kosten der Stadt gebaut wurde, stammt aus dem Jahr 1422, also aus dem zu Ende gehenden Mittelalter. (1) Aus der städtischen „Kammerrechnung" von 1422 kann man entnehmen, dass die Stadt eine Wasserstube gekauft hat. So können wir annehmen, dass bereits zu Beginn des 15. Jahrhunderts mehrere gemeindeeigene Brunnen errichtet wurden. Diese bildeten damals die hauptsächliche Wasserversorgung. (2)

Die Zahl der öffentlichen Brunnen im München des ausgehenden Mittelalters muss beachtlich gewesen sein. Denn Andrea de Franceschi, der spätere Großkanzler von Venedig, der 1492 als Begleiter einer venezianischen Gesandtschaft nach München kam, schrieb in seinem in der Markusbibliothek zu Venedig verwahrten Reisebericht, München sei eine vornehme Stadt mit prächtigen kieselsteingepflasterten Straßen und breiten Plätzen um die Brunnen in ihrer Mitte. (3) 1555 schließlich entstand das erste städtische Brunnhaus, das sogenannte Gasteiger Brunnhaus am Neuhauser Tor. Zweiunddreißig Jahre später, im Jahre 1587, kam laut dem Münchner Wasserbuch, das „Alte Brunnhaus am Isar Berg" und das „Neue Isarbrunnhaus" hinzu. Diese drei Brunnhäuser lieferten zusammen etwa zweieinhalb Liter Wasser pro Sekunde, also pro Tag 216.000 Liter. Damals zählte München etwa 20.000 Einwohner. (1) Kurzer Vergleich zu heute: 2019 leben 1,56 Mio. Bürger in München und verbrauchen rund 300.000.000 Liter/Tag.

Der herzogliche Hof beschaffte sich sein Wasser durch eigene Hofbrunnhäuser, versorgte aber auch die benachbarten Bürgerhäuser. So entstanden in München zwei Versorgungssysteme, das städtische für den Süden und das herzogliche für den Norden der Stadt. (1)

In den darauffolgenden Jahren stieg auch der Verbrauch der stetig sich erweiternden Stadt. Sukzessive bekam die Wasserversorgung Zuwachs von weiteren Brunnenhäusern. So standen nach dem „Bautechnischen Führer" im Jahre 1876 ein Tagesverbrauch von 30.326.400 l in 24 Stunden aus den Rohrleitungen zur Verfügung (2). Jedoch wuchs die Stadt weiter und zunehmend konnten die vorhandenen Brunnwerke dem wachsenden Bedürfnis nach Wasser in Qualität und Quantität nicht mehr zufriedenstellend nachkommen. So reifte allmählich die Überzeugung, dass für die Stadt ein Quellgebiet erschlossen werden müsse, das für die ferne Zukunft hinreichendes und gutes Wasser zu liefern fähig sei (2).

Neben dem Zuwachs der Bevölkerung und der damit verbundenen immer schwieriger werdenden Sicherstellung der Versorgungsmenge traten auch immer öfter Probleme in der Trinkwasserqualität auf.

Die Klagen über schlechtes Wasser häuften sich, es war oft unsauber und roch übel. In Kombination von Abwasser und Müll auf den Straßen wurden pathogene Keime ins Grundwasser eingetragen und führten zu einem unsäglichen Kreislauf. Die zunehmende Verseuchung aufgrund des durchlässigen Untergrundes löste in-

nachhaltig TRINKEN

folge der fehlenden bzw. nicht ausreichenden Kanalisation und infolge von Missständen bei der Fäkalien- und Unratabfuhr mehrfach Typhusepidemien bei der Bevölkerung aus. Allein bei der Typhusepidemie 1872 starben über 400 Münchner Bürger.
Als 1854 durch die internationale Industrieausstellung Menschen aus allen Kontinenten der Welt nach Deutschland reisten, brach in München die Cholera aus. Dies hatte zur Folge, dass die Fremden fluchtartig die Stadt wieder verließen (3)
München war auf Grund dieser Zustände im 19. Jahrhundert eine der am meisten verunreinigten und schmutzigsten Städte überhaupt. Beamte weigerten sich, trotz Beförderung nach München zu wechseln, weil die Überlebensrate gering war.
München bedurfte dringend der Sanierung.

Die neue Trinkwasserversorgung
Planung und Projektgenehmigung

Max von Pettenkofer war es, der die Zusammenhänge erkannte und den Stadtrat davon zu überzeugen versuchte. Dass das Bewusstsein für Hygiene und Wasserqualität einen höheren Stellenwert in der Bevölkerung einnahm als in der Vergangenheit, zeigte die Einführung des 1. Deutschen Lehrstuhls für Hygiene an der Hochschule in München. Max von Pettenkofer wurde Lehrstuhlinhaber im Fach medizinische Chemie. Pettenkofer war der Wegbereiter für öffentliche Gesundheitspflege. Sein intensives Bestreben war es, mehr Sauberkeit und Reinlichkeit in den Krankenhäusern, in Wohnungen, auf den Straßen und öffentlichen Plätzen umzusetzen. Er forderte, die Wasserversorgung der Stadt zu sanieren und eine Schwemmkanalisation zu bauen. (3)
Nun fasste die Stadtverwaltung – auf Drängen von Max von Pettenkofer, einen grundlegenden Wandel zu schaffen – einen Beschluss und setzte am 09. Januar 1874 eine Studienkommission unter der Führung von Baurat Zinetti ein. Ingenieur B. Salbach machte auf

die Wasservorkommen aus dem Mangfalltal aufmerksam. Vier weitere Projektvorschläge wurden unter der fachlichen Leitung des Zivilingenieur Adolf Thiem intensiv untersucht, geprüft und dem Gremium vorgelegt. (3)
Schließlich fiel die Entscheidung zugunsten des Mangfalltals. Nach weiterer gründlicher Voruntersuchungen auch auf dem Gebiet der Kanalisation, der Müllabfuhr und der zweckmäßig und hygienisch einwandfreien Wasserversorgung lag dem Magistrat am 24. Februar 1880 das Arbeitsergebnis vor.
Das Wasser aus dem Mangfallgebiet entpuppte sich als ausgezeichnetes Trinkwasser. Die Wassertemperatur schwankte je nach Jahreszeit zwischen 8,5 und 9,5 Grad Celsius. Die durchschnittliche Härte betrug 16 deutsche Härtegrade.
Sehr interessant waren die Untersuchungen der Franziskanerbrauerei durch Brauversuche, die Herr Josef Sedlmayr vorgenommen hat. Aus einem Hektoliter Mangfalltaler Wasser braute er Bier. Denn die überaus empfindliche Bierhefe gilt als ein zuverlässiger Indikator für das Nichtvorhandensein von toxischen Substanzen und zeigte die mikrobiologische Sauberkeit der untersuchten Quellen.

Heute weiß man ...

Der geologische Ursprung des Grundwasserschatzes im Voralpenland und somit auch des Mangfalltals reicht lange zurück. Vor zwei Millionen Jahren breiteten sich die Gletscher aus und legten auch die Alpen unter einen gewaltigen Eispanzer. Mehrere tausend Meter war er dick und reichte zeitweise bis kurz vor München. Die Gletscher verlagerten gewaltige Mengen an Gestein aus dem Gebirge ins Alpenvorland, Gestein mit enormer Filterwirkung. In den Tiefen dieser in der letzten Eiszeit geschaffenen unterirdischen Flussbetten fließen heute enorme Grundwasserströme und treffen im Mangfalltal zusammen (4).

nachhaltig TRINKEN

Erste Ausbauphasen und damit erste überwundene Hindernisse

Dennoch war es ein mit hohen Risiken verbundenes Projekt, aus dem 40 Kilometer entfernten Mangfalltal durch teils unberührte, unwirtliche Natur und im stetigen Gefälle eine Zubringerwasserleitung nach München und einen Hochbehälter zu bauen und zusätzlich ein erstes Rohrnetz im Stadtgebiet zu etablieren.
Die erste aus Tuffstein gebaute Fassung entstand im Mühlthal. Hier wurde das Grundwasser aus dem Talhang heraus gefasst. Wie durch Bohrungen festgestellt werden konnte, lief das Grundwasser auf der leicht geneigten Flinzschicht talwärts. So wurde ein Stollen am Hangfuß angesetzt und in den Berg vorangetrieben. Mit Erreichen der wassertragenden Flinzschicht wurden quer zur Fließrichtung Quellstollen errichtet, die mit Schlitzöffnungen an der Sohle und im unteren Seitenbereich versehen wurden, um das anströmende Wasser zu fassen. Heute erinnert ein auf dem Quellportal stehender Obelisk an die erste Quellfassung aus dem Mühlthal. (3)

Text auf der Inschrift-Tafel des Obelisken:
Hier trat der sogenannte Kasperlbach, welcher zwei Mühlen trieb, zutage, bis derselbe zur Wasserversorgung der Stadt München mit weiteren Quellen des Mangfalltales in den Jahren 1881 -1883 gefasst und unterirdisch abgeleitet wurde.

Der geodätische Höhenunterschied von der Quellfassung bis zur Stelle, wo man den Hochbehälter Deisenhofen bauen wollte, beträgt ca. 40 Meter. Die Zubringerwasserleitungen wurden als „umgekehrtes Ei-Profil" mit Klinkersteinen, in Stollen und im Freispiegelsystem gebaut. Das bedeutete, dass zu jeder Zeit und an jedem Ort die Leitung aus dem Mühlthal ein leichtes Gefälle haben muss, damit das Wasser ähnlich wie in einem Bachlauf dem Hochbehälter zufließen kann. Die Wasserzufuhr konnte daher ohne jeden Pumpbetrieb durch Wirkung des natürlichen Gefälles erfolgen. (2)
Am 01.Mai 1883 wurde feierlich das erste „Hochreservoir" in Deisenhofen mit einer Kammer eröffnet und zu diesem Anlass wurde der Hochbehälter mit 2000 Lämpchen beleuchtet. Auch in der Stadt wurde die Wasserversorgung aus dem Mangfalltal feierlich eröffnet. Mit einer Fontäne aus dem neuen Brunnen am Sendlinger Torplatz stieg das Wasser zu einer 25 m hohen Säule als Zeichen, dass München nun in den Genuss des langersehnten guten Wassers gekommen ist. (3)
In nur zweieinviertel Jahren, vom Frühjahr 1881 bis zum Sommer 1883, wurde die erste Ausbaustufe der zentralen Wasserversorgung beendet. (1)

Weitere Ausbaustufen und Bau der Grundwasserfassung Reisach Gotzing und Reisach

Es folgten weitere Ausbaustufen ca. 5 km südlich. Unterhalb des Taubenberges begann man mit dem Ausbau der Gotzinger Hangquellen. Sie wurden in den Jahren 1899 bis 1902 fertig gestellt. Ihre Stollen wurden als einer der ersten in Beton ausgeführt. Der Hochbehälter Deisenhofen war mit einer Kammer längst zu klein und wurde peu à peu erweitert. Im Tal des Flussdreieckes der Schlierachmündung in die Mangfall befanden sich die sehr er-

nachhaltig TRINKEN

giebigen Kaltenbachquellen, begleitet von drei mächtigen Grundwasserströmen. Im 18. Jahrhundert standen hier Mühlen, ein Holzhof als Umschlagplatz für den Holztransport nach München. Hier wurde von 1902 bis 1912 die Grundwasserfassung Reisach errichtet. Jedoch zeigten sich die Bauarbeiten wegen des aufsteigenden Grundwassers sehr schwierig. Umfangreiche Grundwasserableitungen waren erforderlich, um den Grundwasserstand soweit abzusenken, dass einigermaßen vernünftig gearbeitet werden konnte. Die Bauarbeiter standen trotzdem während der Ausschachtungen zum Teil bis zur Hüfte im 8°C kaltem Grundwasser. Bis zum heutigen Tag ist die Grundwasserfassung Reisach mit dem darüber gebauten Wasserschlösschen die ergiebigste Gewinnungsanlage im Mangfalltal.

Die Förderwerke in der Münchner Schotterebene

In den Jahren 1949 bis 1972 entstanden in der Münchner Schotterebene und im südlichen Münchner Stadtbereich insgesamt fünf Förderwerke und zwei weitere im Mangfalltal, um den nachwachsenden Bedarf von München zu decken. Nach dem Bau der Gewinnung aus dem südlichem Loisachtal dienen sie der Versorgungssicherheit.

Das zweite Standbein – die Wasserversorgung aus dem Loisachtal

Die Bevölkerungszahl und damit auch der Wasserverbrauch wuchsen ständig weiter. Schon frühzeitig musste sich die Landeshauptstadt nach einem weiteren Standbein umsehen. Erste Pumpversuche und Qualitätskontrollen im südlichen Loisachtal wurden bereits in den 50er Jahren durchgeführt. Während die Wasserentnahme im Mangfalltal durch Altrechte abgesichert war, musste für das Loisachtal ein wasserrechtlicher Bescheid beantragt werden.

Mit Umsetzung des neuen Wasserhaushaltsgesetzes (1960/1962) konnte nun auch ein Antrag für ein Wasserschutzgebiet eingereicht werden. Bis dato hatte man weder positive noch negative Erfahrung beim Schutzgebietsverfahren. (2)
Das sollte sich schnell ändern. Denn es kam zu einem massiven Stimmungsumschwung in der Bevölkerung. Ängste wurden geschürt wegen bereichsweiser Einengung von Grundbesitzrechten und wegen Auswirkungen, die die Trinkwasserentnahme auf die heimatliche Umgebung haben könnte.
Letztendlich spitzte sich das Ganze so zu, dass eines der Brunnenhäuser durch einen Anschlag sogar Feuer fing.
Es sollte noch viele Jahre der Bürokratie ins Land gehen, bis schließlich am 17. Januar 1974 ein mit vielen Auflagen und Einschränkungen versehener erster wasserrechtlicher Bescheid vorlag. (2) Und weitere 10 Jahre, bis die Wassergewinnung aus dem Loisachtal am 20. März 1984 endlich in Betrieb ging. (5)
„....drum fließe ständig ohne Unterlass, dann wird's die Welt auf ewig geben." Horst Rehmann, 1934

In der Zukunft angekommen

Wegen ihrer sehr guten Qualität, des Umsetzungsgeistes früherer Pioniere und der einmaligen geologischen Situation ist die Wasserversorgung der Landeshauptstadt München ein europaweites Vorzeigeprojekt geworden.
Das Münchner Trinkwasser ist eines der besten in Europa – glasklar und quellfrisch ohne jegliche Aufbereitung. Zur langfristigen Sicherung dieser herausragenden Qualität, die die Anforderungen der Trinkwasserverordnung weit übertrifft, engagieren sich die Stadt München bzw. die SWM seit über 130 Jahren für großräumigen Umwelt- und Grundwasserschutz in den Wassergewinnungsgebieten. Eine der bedeutendsten und effektivsten Maßnahmen ist die Förderung des ökologischen Landbaus im Mangfalltal, von wo 75 % des täglichen Wasserbedarfs stammen.

nachhaltig TRINKEN

Der Schritt in das Trinkwasserschutzprogramm der Stadtwerke München

Die Stadtwerke München verfolgen seit Anbeginn eine besondere Philosophie, die vorhandenen Naturressourcen zu schützen und diesen Grundwasserschatz in Menge und Qualität zu erhalten. Oberste Zielsetzung ist dabei eine permanente Aufbereitung, wie sie in vielen deutschen und europäischen Städten bereits gang und gäbe ist, zu vermeiden. Diese Vorgehensweise begleitete bereits die Gründerväter der Münchner Wasserversorgung, die bei der Auswahl und Planung von Anfang an auf Nachhaltigkeit für die kommenden Generationen setzten.

Grundstückspolitik

Die SWM haben im engeren Einzugsbereich der Trinkwassergewinnung von jeher Grundstücke angekauft, um sie gewässerschonend aufzuforsten, bzw. diese unter Trinkwasserschutzauflagen an landwirtschaftliche Betriebe zu verpachten.
Zu Beginn des 20. Jahrhundert fand man im Ort Thalham ein reges Alltagsgeschehen. Zwischen kleinen Gehöften, Wohn- und Geschäftshäusern, Papierfabriken, Mühlen und einer eigenen Bahnstation gab es Läden, Handwerksbetriebe und kleines Gewerbe. In der Gründungsphase der Münchner Wasserversorgung war das Mangfalltal ein aufstrebender Bereich. Menschen aus Süden und Osten bewarben sich im südlichen Bayern um Arbeitsstellen. Ganz besonders in den Bereichen von Flüssen, wo wasserbetriebene Gewerbe angesiedelt waren, konnte man immer Arbeit finden. So kam es, dass die Zuwanderrate immer größer wurde. Grund war auch die durch die Residenzstadt vermittelten Arbeitsplätze beim Bau und bei der anschließenden Instandhaltung von den Gewinnungsanlagen. Doch nach Inbetriebnahme von Reisach stellten die Papierfabriken und Mühlenbetriebe fest, dass auf Dauer der

Standort aufgrund der Wasserentnahme nicht mehr so lukrativ war. Als im Jahre 1929 die Stromversorgung im Leitzachwerk erweitert wurde, leitete man einen großen Teil des Mangfallwassers zum Seehamer See. Schlussendlich sorgte die Weltwirtschaftskrise für die endgültige Schließung der Neumühler Papierfabrik. Viele der Thalhamer Zugewanderten und Einheimischen verkauften ihre Anwesen an die Stadt und zogen wieder weiter. (6)

Eine der wesentlichsten zukunftsorientierten Entscheidungen war, Grundstücke im direkten Umfeld der Gewinnungsanlagen zu erwerben, um Grundwasserschutz quasi von der Oberfläche aus steuern zu können. Nur mit eigenen Grundstücken kann die zu erfolgende Bewirtschaftung in die richtigen Bahnen – sprich grundwasserschonend – gelenkt werden. 2020 sind in den drei Gewinnungsgebieten ca. 400 ha Pachtfläche an landwirtschaftliche Öko-Betriebe verpachtet.

Gewässerschutz und Hochwasserschutz

Bereits zu Beginn des 20. Jahrhunderts wurden massive Umbaumaßnahmen an der Mangfall getätigt. Die Mangfall erhielt ein neues Bett und einen stabilen Uferverbau, sogar einen Damm. So konnten die großen Hochwässer der Mangfall und Schlierach gefahrloser überstanden werden. Letztendlich hatte dies Auswirkungen auf die vielen wasserführenden Verzweige und Altarme, sodass sich mit der Zeit das Landschaftsbild veränderte.

Anfänge des Ökoprogramms 1992

Europaweit kam es in den 80er und 90er Jahren zu einer ökologischen Aufbruchsstimmung. 1992 trat die EU-Öko-Verordnung in Kraft und mit ihr wurden zum ersten Mal ökologische Lebensmittel geschützt durch gemeinschaftliche Rahmenvorschriften. Hinzu kam ein steigendes Umweltbewusstsein in der Bevölkerung, vor allem bei der Jugend. Mit zunehmender Intensivierung der Land-

nachhaltig TRINKEN

wirtschaft kamen immer mehr Ängste auf, dass Böden und Gewässer durch diese Agrarpolitik auf Dauer an Qualität verlieren. Dem sollte mit einem in sich geschlossenen biologischen Kreislauf – dem Prinzip des ökologischen Landbaues – entgegengewirkt werden. Auf den Nutzflächen sollten nur die Nährstoffmengen ersetzt werden, die dem Boden mit der vorangegangenen Ernte entzogen wurden.

Durch restriktive Anbaurichtlinien und bodenschonenderen Bewirtschaftungsmethoden stellte der ökologische Landbau das Beste für den Trinkwasserschutz dar.
Seit Mitte der 1960er-Jahre zeichnete sich auch beim Trinkwasser der Stadtwerke München ein steigender Trend der Nitratkonzentration ab.

Langjährige Messreihen von Laboruntersuchungen in den Gewinnungsgebieten bestätigten, intensiv betriebene Landwirtschaft stellte eine ständige Gefährdung von Gewässer und Boden dar. Insbesondere die übermäßige Düngung und der Einsatz von Pflanzenschutzmittel waren die häufigsten Ursachen für die Beeinträchtigung der Wasserqualität. So auch im Mangfalltal. In einer Referenzquelle wurde die Nitratkonzentration mit fast 15 mg/l gemessen.

Sie lag damit zwar noch weit unter dem Grenzwert der Trinkwasserverordnung, damals wie heute 50 mg/l, doch wiesen die Konzentrationen eine steigende Tendenz auf. Gleichermaßen konnte man erstmalig auch Spuren von Pestiziden nachweisen. Um einen weiteren Anstieg zu verhindern – und weil es für einen Trinkwasserversorger die einzig richtige Strategie sein muss, Grenzwerte nicht aufzufüllen, sondern nachhaltig zu reduzieren – wurden Wege gesucht, in den Einzugsgebieten des Mangfalltals in die Trinkwasserqualität der Zukunft zu investieren und ein Zeichen der Nachhaltigkeit zu schaffen.

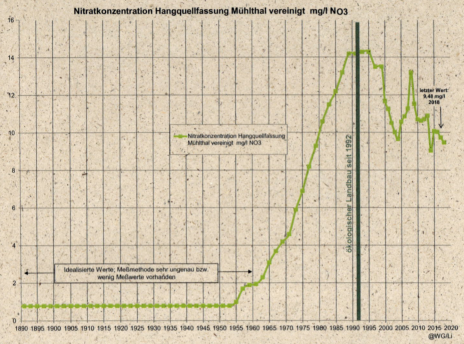

Folgende Maßnahmen für einen grundlegenden Schritt in ein umfängliches neues Trinkwasserschutzprogramm der Stadtwerke München wurden beschlossen:

> ❯ Intensivierung der wissenschaftlichen Erkundung der Einzugsbereiche
> ❯ Geordnete Abwasserbeseitigung
> ❯ Grundstückserwerb in den Schutzgebieten und der Einzugsbereiche.
> ❯ zusätzlich wurde überlegt, wie zukünftig eine gewässerschonende Bewirtschaftung im Einzugsbereich der Gewinnungsanlagen erreicht werden könnte (13)

nachhaltig TRINKEN

Zu der Zeit waren die meisten gekauften Grundstücke entweder bereits aufgeforstet oder zur weiteren landwirtschaftlichen Nutzung an Landwirte verpachtet. Der werkeigene Besitz umfasste rund 1.765 Hektar und ließ sich in 87 % unverpachtete Waldflächen und in 13% landwirtschaftlich genutzte Pachtflächen aufteilen. In den alten abgeschlossenen Pachtverträgen waren noch keine Auflagen zur gezielten bodenschonenden und gewässerschützenden Bewirtschaftung vorhanden.

So wurde im ersten Schritt zwingende Einschränkungen und Auflagen zur Bewirtschaftung in neuen Pachtverträgen festgelegt. Auf Anregung der Stadtwerke prüfte das städtische Land- und Forstwirtschaftsamt neue Vertragstexte für Pachtverträge, in denen z. B. die ökologische Bewirtschaftung – mit oder ohne Gewährung einer Beihilfe – beinhaltet war.

Bereits in diesem Stadium kontaktierte man erstmals Verbände für organisch-biologischen Landbau. Während sich im Bereich des Taubenbergs hauptsächlich Milchwirtschaft ansiedelte, betrieb man im Bereich Mühlthal neben der Grünlandnutzung auch Ackerbau. [13].

In enger Zusammenarbeit zwischen den Stadtwerken München, den Ökoverbänden Naturland, Bioland und Demeter, dem Bauernverband und den landwirtschaftlichen Betrieben des Kommunalreferates der Landeshauptstadt München wurde ein Vertragskonzept erstellt.

Eine revolutionäre Idee war geboren. Das Trinkwasserschutzprojekt durch Förderung des ökologische Landbaus in den Gewinnungsgebieten des Mangfalltals. In Zusammenarbeit mit Hydrogeologen wurde 1991/92 ein über 6000 Hektar großes Umstellungsgebiet aufgestellt. Es barg das vorhandene Schutzgebiet Mühlthal und das geplante Schutzgebiet Reisach-Gotzing-Thalham-Süd und -Nord. Die Grenzen des Umstellungsgebietes werden von einer 150-Tageslinie gebildet. Die 150-Tageslinie wurde gewählt, um eine ausreichende Reinigungsleistung des Bodens sicherzustellen und damit einer mikrobiologischen Verunreinigung vorzubeugen. Die Zielsetzung war, innerhalb dieses Gebietes die landwirtschaftliche Bewirtschaftung auf ökologische Landwirtschaft umzustellen.

Nachdem die Vorbereitungen für das Projekt erledigt waren, war es soweit. Alle im Umstellungsgebiet angesiedelten Landwirte bzw. Grundbesitzer mit landwirtschaftlichen Flächen innerhalb des Umstellungsgebietes wurden angeschrieben, die Grundlagen und Vorteile des ökologischen Landbaues erläutert und für weitere Diskussionen zu einer Versammlung in Thalham eingeladen.

Bei einer Erstversammlung am Mittwoch den 14. Oktober 1992 im Gasthaus Bräu von Darching ging es dann hitzig zur Sache. Gingen die Meinungen über eine ökologische Bewirtschaftung doch sehr weit auseinander.
Während die einen sich zuerst mal abwartend verhielten, wie das Projekt grundsätzlich umzusetzen wäre, kam andernorts wenig Positives.
„Ökologisch, damisch" war noch einer der nettesten Zwischenrufe. Die erste Versammlung zeigte, dass noch erhebliche Überzeugungsarbeit vonnöten war, um hier weiterzukommen.
In der Folge wurden die namhaften Verbände des Ökologischen Landbaus wie Demeter Naturland und Bioland in die Überzeugungsarbeit mit aufgenommen. Ebenso der Bayerische Bauernverband (BBV), der insbesondere auf die finanziellen Einbußen bei der Umstellung von konventionell auf ökologisch hinwies. In umfangreichen Verhandlungen mit den Vertretern der Landwirtschaft, den Verbänden und dem BBV wurde ein Grundgerüst für eine mögliche Umstellungshilfe aufgestellt, die gerade die Anfangsschwierigkeiten bei der Umstellung ausgleichen sollten. So gerüstet war eine weitere Veranstaltung schon wesentlich positiver, die Gemüter hatten sich wieder beruhigt und bis zum Ende des ersten Jahres 1993 waren 25 Landwirte bereits dem Programm beigetreten.

nachhaltig TRINKEN

Das Ökoprogramm heute
Der Ökovertrag

Alle landwirtschaftlichen Betriebe, die innerhalb der Grenzen des Fördergebietes ihren Hof ökologisch bewirtschaften, können am SWM-Ökoprogramm teilnehmen. Voraussetzung ist die Umstellung des gesamten Betriebes auf ökologische Bewirtschaftung.
Der Ökovertrag, im Langtext „Vertrag über Ausgleichsleistungen zur Erhaltung der Qualität des im Mangfalltal gewonnenen Trinkwassers", bietet zwei Vertragsmöglichkeiten an, den Vollvertrag und den Fördervertrag.
Der Vollvertrag ist der vollumfängliche Ökovertrag. Er beinhaltet neben dem Grundwasserschutz auch die artgerechte Tierhaltung. Der landwirtschaftliche Vertragspartner wird Mitglied in einem Ökoverband (Naturland, Bioland, Demeter, Biokreis). Durch die Einhaltung der Auflagen des Bioverbandes kann der Landwirt seine am Hof erzeugten Lebensmittel als Bioprodukte verkaufen.
Der Fördervertrag bietet einem landwirtschaftlichen Betrieb, der keine Tierhaltung hat, aber trotzdem seine Flächen ökologisch bewirtschaftet, die Möglichkeit, am Kooperationsprogramm teilzunehmen. Eine Mitgliedschaft bei einem Bioverband ist hier nicht Voraussetzung.
Die Ökoverbände sind für dieses Konzept eine tragende Säule. Sie stellen die fachliche Beratung und beraten die Landwirte insbesondere bei der Erstumstellung und bei allen Fragen gerade auch im Bereich der Umsetzung von neuen gesetzlichen Betriebsführungsauflagen wie die neue Düngeverordnung.

Die Vertragsauflagen

Der ökologische Landbau verzichtet völlig auf den Einsatz von chemisch-synthetischen Dünge- und Pflanzenschutzmittel:

Die maximal auszubringende Düngemenge (Organischer Handels- und Wirtschaftsdünger) ist auf 1,3 DE/ha und Jahr begrenzt. Konventionell erzeugte Gülle und Geflügelmist sind nicht erlaubt. Der letzte Schnitt kann bis 15. Oktober durchgeführt werden, nicht aber darüber hinaus.
Daneben ist beim Vollvertrag die artgerechte Tierhaltung einzuhalten. Alle Futtermittel müssen ökologisch sein. 70% des Futters muss auf dem Hof erzeugt werden und Rindern sollen während des Sommers überwiegend mit Grünfutter ernährt werden.

Das Gebiet

Das erste Fördergebiet – benannt als „Umstellungsgebiet" – wurde 1993 mit einer 150-Tageslinie bemessen. 2010 wurde die Förderfläche um ein „regionales Erweiterungsgebiet" auf eine 200-Tageslinie vergrößert und umgrenzt nun eine Gesamtfläche von ca. 9000 ha. Nachfolgende Karte zeigt in drei Farben das gesamte Fördergebiet. Blau die Schutzgebiete, gelb die Flächen des 1993 kreierten „Umstellungsgebiet" und mit einem grünen Band umgrenzt das 2010 angeschlossene „regionale Erweiterungsgebiet". Außerhalb des Fördergebietes werden die Flächen nach einer sogenannten 50 %-Regelung vergütet.

Die Ausgleichsleistung

Da die Umstellung von konventioneller Bewirtschaftung auf ökologische Bewirtschaftung zwangsweise mit einer Ertragsminderung einhergeht, wurde eine Ausgleichszahlung angedacht. Der Beitrag zum Trinkwasserschutz wird deshalb honoriert und die Ertragsminderung sowie notwendige Investitionen durch die Ausgleichsleistung kompensiert. Eine staatlich anerkannte und unabhängige Kontrollstelle prüft im Auftrag der Bioverbände die Einhaltung der Auflagen und überreicht jährlich ein entsprechendes Zertifikat.
Die Ausgleichsleistung bemisst sich je nach Lage der landwirt-

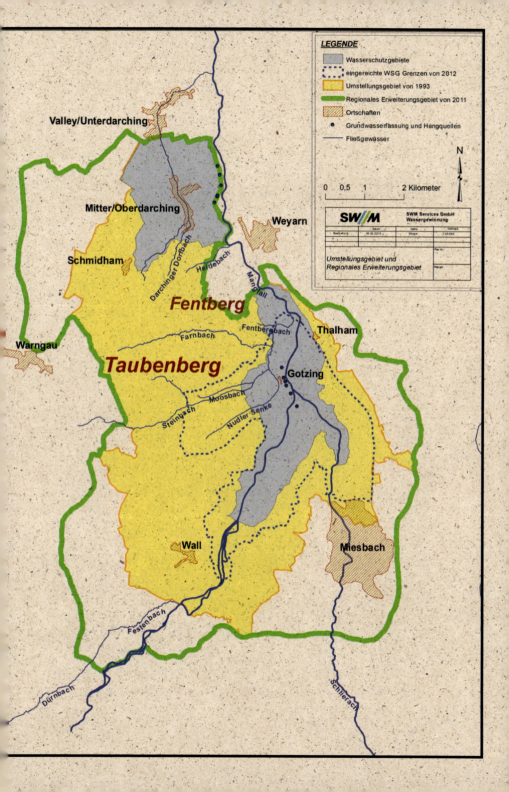

schaftlichen Flächen beim Vollvertrag zwischen 250 bis 310 Euro/ha und Jahr und 160 bis 250 Euro/ha und Jahr beim Fördervertrag. Kriterium für den dreigestaffelten Auszahlungsbetrag ist die Entfernung zur Trinkwassergewinnungsanlage. Je näher die landwirtschaftlich bewirtschaftete Fläche an einer Trinkwassergewinnungsanlage liegt, umso höher ist der Auszahlungsbetrag. D.h. für Flächen im Trinkwasserschutzgebiet liegt die Ausgleichsleistung bei 310 Euro /ha/a, im Umstellungsgebiet bei 280 Euro/ha/a und 250 Euro /ha/a.

Hierzu gibt der Landwirt der SWM die Lage und die Nutzung seiner Flächen an. Hat der Vertragspartner mehr als 50% seiner Ausgleichsfläche innerhalb des Gesamtgebietes, werden die gesamten Flächen seines Betriebes ausgeglichen. Hat der Vertragspartner weniger als 50% seiner Ausgleichsflächen innerhalb des Fördergebietes, werden nur die Flächen innerhalb des Fördergebietes ausgeglichen. Jeder Vertragspartner erhält zusätzlich eine Betriebspauschale in Höhe von 250 Euro/Jahr für den Vollvertrag und in Höhe von 50 Euro/Jahr für den Fördervertrag. Jährlich werden die Ausgleichsleistungen an die Lebenshaltungskosten angepasst. Der Vertrag kann jederzeit vom Landwirt einseitig gekündigt werden.

Das Bodenuntersuchungsprogramm

2004 haben die SWM ein Bodenuntersuchungsprogramm für ökologisch bewirtschaftete Flächen im Mangfalltal eingeführt. Bis dahin erfolgte lediglich eine Überwachung der ökologischen Bewirtschaftungsweise durch eine staatlich zertifizierte, unabhängige Kontrollstelle. (siehe Absatz „Die Ausgleichsleistung")

Das Bodenmonitoring wird seitdem zweimal jährlich auf landwirtschaftlichen Flächen von Vertragslandwirten der SWM durchgeführt. Sowohl die Frühjahrs- als auch die Herbstbeprobung dienen den SWM in erster Linie zur Überwachung des Bodenhaushalts unter landwirtschaftlichem Einfluss. Gemäß den Vorgaben des

nachhaltig TRINKEN

Bayerischen Kulturlandschaftsprogramms (KULAP) ist für jeden Schlag (= eine zusammenhängende Bewirtschaftungsfläche eines Bewirtschafters mit einheitlicher Kultur) ab einer Größe von 1 Hektar mindestens alle 6 Jahre der im Boden verfügbare Nährstoffgehalt durch Untersuchung repräsentativer Bodenproben zu ermitteln. Das Bodenmonitoring wird dabei so ausgelegt, dass es die gesetzlich vorgegebenen Auflagen für die Nährstoffuntersuchungen der Öko-Betriebe erfüllt.

Die Vermarktung der ökologischen Produkte aus dem Einzugsgebiet des Mangfalltals

Zu Beginn des Trinkwasserschutzprojektes „Ökologischer Landbau" in den Gewinnungsgebieten war es nicht einfach, für die umgestellten landwirtschaftlichen Betriebe aus der konventionellen Schiene heraus in eine Biovermarktung zu kommen.
Im Landkreis Miesbach ist die Milchwirtschaft vorrangig. Daher waren die ortsansässigen Molkereien die Ersten, die die Biomilch aus dem Mangfalltal in Bioprodukte für den Ladentisch umgesetzt und auf den Markt gebracht haben. Bereits 1995 wurde ein Antrag der Stadtratsfraktion „Die Grünen" an das Schulreferat weitergereicht. Das Schulreferat sah die Möglichkeit, über den Pausenverkauf Milchprodukte auch aus dem Mangfalltal einfließen zu lassen. Nachdem die rechtlichen Bedenken ausgeräumt werden konnten, brachte die Firma Deller 1996 die erste Kindermilch aus dem Mangfalltal auf den Markt. Die Stadtwerke München unterstützten damals wie heute die Vermarktung der Produkte mit Werbung.
Ein Werbeslogan von damals:
„*Mit einem Liter Öko-Milch schützen Sie das Trinkwasser auf 2,5 m^2 Anbaufläche.*"
Heute setzen die SWM in wiederkehrendem Zyklus Werbeaktionen mit Landwirten, Bioverbänden und Molkereien um. Zweimal in der Woche steht in der Stadtwerkszentrale ein Verkaufsstand mit Pro-

dukten aus dem Mangfalltal. Seit 2014 besteht zwischen den SWM und Unser Land eine enge Kooperation. Milch und verschiedene Milchprodukte wie Käse, Rahm und Sahne aus dem Mangfalltal werden unter dem Label Unser Land mit einem direkten Bezug zum Erzeuger vermarktet. Teilnehmende Landwirte werden mit Familie auf der Verpackung abgedruckt und der Schutz des Trinkwassers auf der Verpackung thematisiert. Die SWM möchten mit dieser Kooperation die Vermarktung der ökologischen Milchprodukte aus dem Mangfalltal fördern und bestehende Kooperationen mit dort ansässigen Betrieben des ökologischen Landbaus im Interesse des nachhaltigen Trinkwasserschutzes weiter festigen.
Der Ausbau der Vermarktungswege für Produkte aus dem Mangfalltal erhält und fördert die landwirtschaftlichen Kleinstrukturbetriebe in der Region und sichert die zum Schutz des Trinkwassers notwendige ökologische Bewirtschaftung der Flächen. Mit dem Trinkwasserschutz erfüllen die SWM die ihr von der Landeshauptstadt München übertragene Aufgabe, die Bevölkerung Münchens mit qualitativ hochwertigem Trinkwasser zu versorgen.

Naturnahe Waldwirtschaft am Taubenberg

Mehr als 1800 Hektar Wald sind heute im Besitz der Stadtwerke München. Davon befinden sich gut 1500 Hektar im Mangfalltal, der Rest in der Münchner Schotterebene.
Ursprünglich als reine Monokultur aufgeforstet werden die Wälder am Taubenberg seit mehr als 60 Jahre konsequent in widerstandsfähigen Mischwald umgebaut und im Einklang mit der Natur und somit in naturnaher Waldbewirtschaftung bewirtschaftet. Zielsetzung war und ist, den Wald als Wasserschutzwald auszubauen. Die Forstverwaltung der Landeshauptstadt München pflegt und bewirtschaftet die Bestände im Auftrag der SWM ökologisch und vorsorgend unter Berücksichtigung des Grundwasserschutzes.
Wichtiger Bestandteil einer naturgemäßen Forstbewirtschaftung ist es, eine natürliche Waldvegetation zu schaffen, zusammenge-

nachhaltig TRINKEN

setzt aus verschiedenen Baumarten wie Esche, Bergahorn, Buche, und Tanne, um nur einige zu nennen. Ein heterogener, artenreicher Mischwaldboden bildet einen feuchten Waldboden und somit den idealen Wasserspeicher im verzweigten, hohlraumbildenden Wurzelwerk. Auch haben die humusbildenden Bodenschichten eine ausgezeichnete Filterwirkung gegenüber Luftschadstoffen. Gerade die Ausgewogenheit von Nadel- und Laubbaummischung sorgt im Sommer für den notwendigen Schatten und lässt im Winter den Schnee durch die blattlosen Kronen auf den Boden fallen. Durch Regulierung der Wildbestände werden Fressschäden an jungen Baumtrieben vermindert und es entsteht eine natürliche Verjüngung des Waldes. Durch eine gezielte Durchforstung (Verringerung der Stammzahl/Flächeneinheit) bleibt der Wald jung und widerstandsfähig.
Nur so kann er den Kalamitäten wie Sturm, Käfer, Pilz und Starkniederschlägen sicher entgegenwirken.
Der Wald am Taubenberg befindet sich im Fauna-Flora-Habitat-Gebiet. Er beherbergt viele geschützte Arten wie zum Beispiel den Schwarzstorch, der hier gerne brütet. In kleinen Wassermulden findet die Gelbbauchunke ihren Platz und an manchen schattigen Ecken hängen Fledermäuse. Denn ein natürlicher Totholzanteil im Wald bietet so manchen Lebewesen Schutz vor Feinden und Unterschlupf.
Die Forstverwaltung wurde 2015 mit dem Staatspreis für vorbildliche Waldbewirtschaftung ausgezeichnet. Die Forstverwaltung ist Mitglied im Naturlandverband, arbeitet nach ökologischen Grundsätzen und ist überdies FSC-zertifiziert (Forest Stewardship Council). Damit ist garantiert, dass bei der Waldbewirtschaftung hohe ökologische und soziale Richtlinien eingehalten werden.

Auswirkungen auf die Trinkwasserqualität

Dank der Einführung des ökologischen Landbaus im Mangfalltal wurde der Nitratanstieg gestoppt. Pestizide sind im Mangfalltal seit 2002 nicht mehr nachweisbar. Damit wurde die hervorragende Qualität des Münchener Trinkwassers weiter gefestigt und ist überdies auch zur Zubereitung von Säuglingsnahrung empfohlen. Rund 175 landwirtschaftliche Betriebe mit einer Fläche von ca. 4.250 Hektar haben bereits ihre Betriebe von traditioneller auf boden- und gewässerschonende ökologische Landwirtschaft und artgerechte Tierhaltung umgestellt. Entstanden ist so eines der größten zusammenhängend ökologisch bewirtschafteten Gebiete in ganz Deutschland. Durch seine extensive Bewirtschaftung weist der ökologische Landbau einen geringen Eintrag von Nährstoffen in das Grundwasser auf und wirtschaftet ohne grundwassergefährdende chemische Pflanzenschutzmittel und leichtlösliche mineralische Düngemittel. Dies verbessert und unterstützt den Grundwasserschutz entscheidend und hilft u.a. den diffusen Stickstoffeintrag präventiv zu vermeiden.

Der Erfolg bestätigt das Projekt; nach 26 Jahren extensiver Bewirtschaftungsweise im Mangfalltal hat sich der Nitratwert in der Referenzquelle im Mühlthal von nahezu 15 mg/l auf einen Wert von 10 mg/l eingestellt. Durch Mischung der Wässer aus weiteren SWM Gewinnungsgebieten wird im Münchner Stadtnetz stets ein Gesamtnitratwert von unter 9 mg/l erreicht.

Über die Jahre hat sich eine gute Zusammenarbeit zwischen den Landwirten und den SWM entwickelt.

Seit ca. zwei Jahren wird durch eine ortsansässige Metzgerei die Schlachtung direkt auf der Weide durchgeführt, was sowohl für das Tierwohl als auch für die Fleischqualität spricht.

Ein weiterer Vorteil ist, dass mit dem Programm ökologischer Landbau das Trinkwassereinzugsgebiet als ökologisch intakte Region erhalten bleibt.

Heute findet man um Thalham eine fast unberührte Natur im Fauna-Flora-Habitat-Gebiet in den Mangfallauen am Fuß des Taubenberges. In stillen Momenten hört man nur das Spiel der Blätter in den Bäumen, das Gezwitscher der Vögel und das Rauschen des Flusses. Denn ist die Welt oben in Ordnung – sprich die Natur im

nachhaltig TRINKEN

Gleichgewicht – kommt an der Quelle unbelastetes Grundwasser an, heute und für kommende Generationen.

Quellen:
(1) Stadtwerke München. (1963). Die Wasserversorgung der Stadt München. München.
(2) DVGW, F. z. (1912). Die Versorgung der königlichen Haupt- und Residenzstadt München mit Gas und Wasser. München.
(3) Stadtwerke München. (1983). Hundert Jahre Münchner Wasserversogung. München.
(4) Stadtwerke München. (2018). M{Wasser. Erstklassiges Naturprodukt. München.
(5),Stadtwerke München. (1989). Wasser für München. Wasserversorgung. München.
(6) AK Geschichte Weyarn. (2007). Wasser und Natur zwischen Mangfall und Leitzach. Weyarn.
(7) Ude, C. (2008). Quellen für München. München.
(8) Schöber, J. (2009). Masterarbeit. Die Initiative „Öko-Bauern" als Grundwasserschutzmaßnahme der Stadtwerke München - eine deskriptive Projektanalyse. Thalham.
(9) Miklosa, M. (2014). Bacherlorarbeit. Die Veränderung der Landschaft in den letzten 100 Jahren im Gewinnungsgebiet Mangfalltal. Thalham.
(10) Industrielle Revolution. (25.. Januar 2020). Von https://de.wikipedia.org/wiki/Industrielle_Revolution abgerufen
(11) Vogt, G. (2/3 2001). Geschichte des ökolgischen Landbaus im deutschsprachigen Raum . Ökologie&Landbau, S. 47-49.
(12) Wertschöpfungskreis. (12.. November 2018). Von https://de.wikipedia.org/wiki/Wertsch%C3%B6pfungskreis abgerufen.
(13) Stadtwerke München. (1992). Beschluß der Werksleitung vom 04. März 1992..
(14) Stadtwerke München. (1982). Leben durch Wasser: Trinkwasser für München Projekt Oberau. München.
(15) Grabmaier M., 2005, Höfe und Häuser der Gemeinde Weyarn und Umgebung, Chronik Band III Teil A und B

Kapitel 9

Nachhaltige
GESUNDHEIT

Cornelia Wanke

Cornelia Wanke

Nachhaltigkeit ist für mich:

Alle Facetten des Lebens mit einzubeziehen – und nicht engstirnig zu sein. Denn Nachhaltigkeit erfordert agile Lösungsansätze.

Warum ist mein Projekt nachhaltig?

Weil wir den Menschen in allen seinen Lebensbereichen sehen – und über die Sektorengrenzen hinweg denken. Nur, wenn wir den Patienten in seinem Lebensumfeld begleiten, hat er die Chance, zurück ins Leben zu finden und sein eigener Meister zu werden.

Steckbrief

Was mich motiviert?

Die Erkrankung mehrerer nahestehender Menschen an Burnout und Depressionen – und die Hilflosigkeit, die ich selbst spürte, als ich ihnen helfen wollte.

Was rate ich anderen Unternehmern?

Achtsam durchs Leben zu gehen – und das nicht nur in Bezug auf sich selbst: Achtsamer Umgang mit Natur, Mitmenschen und sich selbst. Nur so können wir alle gesund leben!

Mein Tipp für Verbraucher:

Informationen zum Thema psychische Erkrankungen aus unterschiedlichsten Plattformen aufnehmen und sich selbst ein Bild machen. Eine gute Wissensquelle ist die Stiftung Gesundheitswissen.

Meine Ziele sind:

Menschen mit dem Thema psychische Erkrankungen auf eine spannende Art und Weise „konfrontieren". Fast jeder von uns leidet einmal in seinem Leben an einer psychischen Erkrankung. Weg mit dem Stigma – über eine psychische Erkrankung zu sprechen, muss genauso selbstverständlich möglich sein wie über eine Erkältung!

Mentale Gesundheit

Warum wir beim Thema mentale Gesundheit komplett umdenken müssen: Eine nachhaltige Strategie für Menschen mit psychischen Erkrankungen – das macht SINN!

TK, AOK, DAK: Die gesetzlichen Krankenkassen in Deutschland, aber auch die privaten Krankenversicherer, zeichneten auch 2019 ein düsteres Bild von der mentalen Gesundheit der Bürger*innen in Deutschland: So fehlte 2018 laut DAK-Psychoreport hierzulande jeder 18. Arbeitnehmer wegen einer psychischen Erkrankung im Job. Rechnet man die Daten der DAK hoch auf das gesamte Land, waren damit hochgerechnet 2,2 Millionen Menschen betroffen. Was Sorge bereitet: Seit 1997 hat sich die Zahl der Fehltage, die von Depressionen oder Anpassungsstörungen verursacht werden, mehr als verdreifacht, wobei am häufigsten die Diagnose Depression auf den Krankschreibungen vermerkt wird.

Auch Burnout wurde 2018 im Vergleich zum Vorjahr wieder etwas öfter auf Krankschreibungen notiert (5,3 Fehltage je 100 Versichert zu 4,6 Fehltage je 100 Versicherte). Erst vor kurzem hat die Weltgesundheitsorganisation (WHO) Burnout als Syndrom eingestuft. Wie der DAK-Report zeigt, nimmt die Zahl der Fehltage für psychische Erkrankungen bei beiden Geschlechtern mit dem Alter kontinuierlich zu. Frauen waren 2018 aber knapp doppelt so oft wegen Seelenleiden krankgeschrieben wie ihre männlichen Kollegen (298 Fehltage je 100 Versicherte gegenüber 183 Fehltage bei Männern).

Nicht verwunderlich ist, dass insbesondere in den Branchen „Öffentliche Verwaltung" sowie „Gesundheitswesen" überproportional viele Fehltage aufgrund psychischer Erkrankungen gezählt wurden.

nachhaltige GESUNDHEIT

Doch was sind Zahlen, Daten, Fakten gegen das einzelne Schicksal – wie das Leiden eines ehemaligen Kollegen: Erst ein viel zu spät festgestellter und nicht behandelter Burnout – dann der gewagte Sprung in die Selbständigkeit und der schleichende Tod seiner Mutter. Welcher Tropfen es war, der das Fass zum Überlaufen brachte – noch ist er nicht so wiederhergestellt, das er das sagen kann. Nur soviel: So kann er nicht weitermachen. Es folgt ein Aufenthalt in einer Klinik in naher Umgebung. Nicht die erste Wahl, aber besser als einfach nichts zu tun. Das hatte sein Arzt ihm gesagt. Zweifel kommen bei Angehörigen und Freunden auf, als er aus der Klinik längst schon entlassen und in therapeutischer Obhut ist, sich aber nichts zum Positiven verändert hat. Er sucht Rat bei Freunden, Familie, Weggefährten. Doch was sagt man, rät man, bespricht man mit einem, der mit allem hadert? Er nimmt das Wort Depression nicht einmal selbst in den Mund, spricht von Überlastung und davon, dass Andere ihm denn Sinn genommen hätten – seine Arbeit, die ihm gefühlte zwei Jahrzehnte den Tag gefüllt hat. Erfüllung hat sie ihm nicht immer gebracht...

Als dieser gebrochene Mensch an einem Sommertag das Gespräch wortlos verlässt, bleiben nicht nur seine, sondern auch diese Frage unbeantwortet: Warum schaffen wir es nicht – schafft es unsere Gesellschaft nicht, diesen Menschen wieder auf den Weg zu sich selbst zu bringen? Wer hilft denjenigen, denen – obwohl ihnen organisch nichts fehlt – nicht mehr zu helfen ist?

Jeder vierte Erwachsene in Deutschland erfüllt innerhalb eines Jahres die Kriterien einer psychischen Erkrankung. Zu den häufigsten Krankheitsbildern zählen Angststörungen, Depressionen und Störungen durch Alkohol- oder Medikamentengebrauch. Für die knapp über 20 Millionen Betroffenen und ihre Angehörigen ist eine psychische Erkrankung mit massivem Leid verbunden und führt oft zu schwerwiegenden Einschränkungen im sozialen und beruflichen Leben.

Es gibt Medikamente, die diese Menschen stabilisieren können. Sie fangen sie auf, „als ob man einem Ertrinkenden einen Rettungsreif zuwirft", sagt Dieter Lange, Psychologe und eine der erfahrensten Coaches der Landes. „Damit kann der Kranke vielleicht kurzfristig überlegen", erklärt Lange. Schwimmen lernt er damit gewiss nicht. Schon gar nicht, wie er ein erfülltes Leben erreichen kann. Gewiss, da gibt es ja noch Ärzt*innen und Psychotherapeut*innen.

In Deutschland kümmern sich rund 13.500 Psychiater*innen gemeinsam mit weiteren Berufsgruppen um die Versorgung der Betroffenen. Sie sind in ambulanten Praxen oder in stationären Einrichtungen tätig. Bei der Behandlung greifen sie u. a. auf Psychotherapie, Pharmakotherapie, biologische Verfahren und psychosoziale Interventionen zurück. Die Zahl der nicht ärztlichen – also psychologischen Psychotherapeut*innen in Deutschland ist von 3.783 (2012) auf 5.102 im Jahre 2015 gewachsen. Dies entspricht einem Anstieg von knapp 35 Prozent. 2015 gab es insgesamt 22.547 ärztliche und psychologische Psychotherapeut*innen. Wer Hilfe sucht – sollte man meinen – kann sie auch bekommen.

Doch leider sieht die Realität anders aus: Trotz steigender Zahl an Leistungserbringern in diesem Bereich sind die Wartezeiten auf eine Therapie immer noch extrem hoch – dies insbesondere im Bereich der gesetzlichen Krankenversicherung, aber auch in der PKV. Dokumentiert sind allerdings nur die Wartezeiten in der GKV – und die zeigen ein düsteres Bild:

> ❯ Wartezeit auf eine Sprechstunde: 5,7 Wochen
> ❯ Wartezeit auf eine Akutbehandlung: 3,1 Wochen
> ❯ Wartezeit auf Richtlinienpsychotherapie im Durchschnitt: 19,9 Wochen

nachhaltige GESUNDHEIT

Und die Zeiten schwanken auch von Bundesland zu Bundesland. Um nur einen kleinen Vergleich aufzumachen: Während im Ruhrgebiet Betroffene rund 29,4 Wochen auf einen ambulanten Therapieplatz warten, sind es in Berlin etwa 13 Wochen – „nur", möchte man fast schon sagen.

So ist es nicht verwunderlich, dass Auswertungen der Deutschen Stiftung Depressionshilfe zeigen, dass etwa 75 Prozent der depressiven Patienten einen Rückfall erleiden – viele von Ihnen (etwa 50 Prozent) innerhalb der ersten 12 Monate.

Stell Dir vor, Du hast ein akutes Problem – und Hilfe kommt erst in etwa einem Vierteljahr. Adäquate Versorgung sieht anders aus – und es stellt sich die Frage: Kann sich ein solidarisches und nicht ganz günstiges Gesundheitswesen wie das unsere so etwas leisten? Dürfen wir Menschen, die an seelischen Schmerzen leiden, so lange warten lassen? Ist das gerecht, solidarisch und nachhaltig? MACHT DAS SINN?

Oder eher eine Verschwendung an menschlichen und wirtschaftlichen Ressourcen? Denn psychische Erkrankungen sind nicht nur leidvoll für jeden Einzelnen: Daran leidet auch die ganze Gesellschaft: Psychische Erkrankungen sind nicht nur die zweithäufigste Ursache für Krankheitstage im Beruf, sie sind auch der häufigste Grund für Frühverrentungen. Mit immensen direkten und indirekten Kosten!

Stellt sich die Frage: Was könnte – außer der Ausbildung und Zulassung weiterer Psychotherapeut*innen – noch getan werden, um diesen Missstand zu beseitigen? Langfristig müssen natürlich Strukturen verändert, Präventionsmaßnahmen ergriffen und Krankheiten möglichst verhindert werden, bevor sie entstehen. Aber wo fangen wir an?

Bei den Vincera-Kliniken versuchen wir, im Kleinen die Welt zu verändern. In der Hoffnung, dass aus dem kleinen Stein, der da ins Wasser geworfen wird, große Kreise werden: Ausgehend davon, dass wir auch einen anderen – einen nachhaltigeren Ansatz in der heutigen Therapie von Menschen mit Burnout oder Depression brauchen, haben wir ein Konzept entwickelt, das nicht nur der kurzfristigen (Über)-Lebensfähigkeit des Patienten dienen, sondern dazu führen soll, dass Patient*innen ihr Leben neu beginnen und einen anderen Weg einnehmen können.

Wir haben uns ganz einfach gefragt, was aber passiert, wenn der Mensch, der seine Haltung nicht wesentlich geändert hat, der nicht ganz zu sich gefunden hat, in sein „altes Leben" zurückkehrt – mit all den Hindernissen, Herausforderungen und schlechten Gewohnheiten. Wie groß ist die Chance, dass er es diesmal schafft? Und wir haben uns auch gefragt, ob wir Patient*innen nicht länger begleiten könnten als vom Zeitpunkt der Aufnahme in eine unserer Kliniken bis zu dem, da er oder sie sein oder ihr Entlassdokument in Händen hält. So etwas wie ein Case-oder Disease-Management, welches die Lücken der Behandlungskette sinnvoll schließt. Dass eine rein sektorale Betrachtung der Behandlung an ihre Grenzen stoßen muss und es an einer nachhaltigen Strategie für die Behandlung von Menschen mit Burnout und Depressionen mangelt, war uns schnell klar. Das wollen wir mit einem integrierten, abgestuften und nachhaltigen Programm ändern:

Dieses wird sich in Therapie-, Service- und Präventionsangeboten von anderen Privatkliniken sehr deutlich abheben. Dort, wo die Therapie im stationären Bereich bisher endet, nehmen wir Patient*innen an die Hand und unterstützen sie bei der Umsetzung ihrer in der stationären Therapie erworbenen (Er)-Kenntnisse – und setzen dies gemeinsam in der Praxis um. Alle Maßnahmen dienen dazu, Patient*innen in einem geschützten Umfeld schon früh an spätere Herausforderungen heranzuführen. Wir geben ihnen die Instrumente an die Hand, die es ihnen ermöglichen kann, sich so weiterzuentwickeln, dass Freude an der Arbeit, persönli-

nachhaltige GESUNDHEIT

ches Wachstum, kurzum Meisterschaft im Leben möglich werden. Dieses Konzept basiert auf einer Ressourcen-orientierten Erhaltungstherapie und einem nachhaltigen Entlassmanagement. Insgesamt begleiten wir die Patient*innen während der 12 Monate ab dem Zeitpunkt der stationären Aufnahme und arbeiten dabei eng mit den niedergelassenen Kolleg*innen zusammen.

Während ihres Klinikaufenthaltes (4 bis 6 Wochen, ggf. auch Intervall-Therapie) nehmen unsere Patienten an ein bis zwei Intensivseminaren teil. Ziel ist es hier, die Patienten im Rahmen eines Peer-Councelings mit anderen Menschen in Kontakt zu bringen, die selbst ganz tief am Boden waren oder sind, damit sie sich gegenseitig helfen, ihr Leben in die Hand zu nehmen. Darüber hinaus taucht Dieter Lange, Psychologe und einer der erfahrensten Coaches Deutschlands, mit den Patient*innen in die Frage nach den künftigen Zielen, der Aufgabe des Lebens und die Suche nach dem eigenen Nordstern ein. Ziel ist es hier, sich nicht nur mit den äußerlichen Gegebenheiten, sondern intensiv auch mit den eigenen Fragen auseinanderzusetzen und wieder seinem Platz im Leben zu finden.

Während der Seminarsessions erfahren die Patient*innen ressourcenstärkende Umsetzungshilfen und lernen mit Instrumenten umzugehen, die Ihnen die Bewältigung Ihres Alltags erleichtern. Die Seminar-Tage knüpfen dabei an die medizinisch-therapeutischen Inhalte an, zielen aber speziell auf die Frage der Umsetzung in der „alten Lebenswelt". Da sich die Welt, in die die Patient*innen zurückkehren, nicht – oder zumindest nicht so schnell im positiven Sinne verändern wird, sollen die Teilnehmer ihre Haltung zum Leben verändern: Deshalb gehen die Teilnehmer gemeinsam den „Königsweg zu einem gelungenen Leben": Dieter Lange begleitet sie und übt sich mit ihnen in Achtsamkeit, Selbsterkenntnis und transformierter Selbstwahrnehmung. An die ersten Workshop-Zyklen können sich innerhalb der nächsten 12 Monate auf

Wunsch weitere Seminarsequenzen anschließen. So werden neue Strategien im Alltag immer wieder geübt, vertieft und am Ende fest verankert.

Zwischen den in Präsenz-Seminaren bieten die Psycholog*innen und Ärzt*innen von Vincera im Rahmen einer telemedizinischen Anbindung Video-Sprechstunden und Online-Seminar-Einheiten an. Darüber hinaus schaffen wir die Möglichkeit, in einer geschlossenen Online-Seminar-Gruppe, Fragen gemeinsam zu diskutieren und in der Gruppe durch gegenseitige Unterstützung Lösungen zu finden. Eine eigene Podcast-Reihe, auf die zwischen den Präsenz- und Online-Terminen immer wieder zurückgegriffen werden kann, ermöglicht den Patient*innen das Auffrischen der erarbeiteten Erkenntnisse. Alles zusammen – Therapie, Seminare, Video-Sprechstunden, vertiefende Coaching-Einheiten und Online-Sessions – helfen den Patient*innen – so erwarten wir – ihre Resilienz zu stärken und alltägliche Herausforderungen besser zu meistern.

Egal, welche Herausforderungen in den ersten Monaten nach dem stationären Aufenthalt zu meistern sind: Vincera ist immer da, hilft und unterstützt bei der Umsetzung.

Dieser „Castle-of-Health-Ansatz", den wir auf einer unserer Kliniken – auf der Burg Wernberg – entwickelt haben, wird darüber hinaus wissenschaftlich evaluiert.

Damit wir auch andere Menschen mit auf die Reise nehmen können, öffnen wir einen Teil der Zusatz-Seminare auch für diejenigen, die bereits erkannt haben oder auf dem Weg zur Erkenntnis sind, dass es neuer Strategien bedarf, um Organisationen nachhaltig weiterzuentwickeln und dass es letztlich der Stärkung der Ressourcen und der Persönlichkeitsentwicklung des Einzelnen bedarf, um ein Unternehmen und die Gesellschaft als Ganzes zu stärken!

nachhaltige GESUNDHEIT

Hätte es diesen Ansatz schon während seiner Erkrankung gegeben, Sven Hannwald hätte ihn sofort genutzt, sagt er. Wie kaum ein anderer Wintersportler prägte der Skisprung-Weltmeister, Olympiasieger und Sportler des Jahres, die aufstrebende deutsch-deutsche Skination. Er gewann 2002 als erster Sportler die Vierschanzentournee mit Siegen in allen vier Wettbewerben.

› Bei den Olympischen Winterspielen 2002 in Salt Lake City, USA, holte er mit der Mannschaft Gold.
› Zuvor wurde er 2000 und 2002 zweimal hintereinander Skiflug-Weltmeister.
› Und 2002 wurde er sogar als Deutschlands Sportler des Jahres geehrt.

Doch sein absoluter Höhepunkt war auch der Wendepunkt im Leben:

› 2004 wurde bekannt, dass Sven Hannawald an Burnout leidet und er sich zur Behandlung in eine Spezialklinik begeben habe.
› Im August 2005 teilte Sven Hannawald der Öffentlichkeit mit, dass er sich nicht mehr den Strapazen des Profisports aussetzen wolle, und beendete damit seine Karriere.

Doch Sven Hannawald hat es geschafft: Er hat seinen Burnout besiegt, hat den Absprung geschafft – und ist jetzt als Präventionsbotschafter mitten im Leben gelandet: Und sein Anliegen, Menschen mit Burnout und Depressionen besser zu helfen, teilt er mit den Vincera-Kliniken: Seit diesem Jahr ist Sven Hannawald deren Botschafter. Sein Engagement mit dem innovativen Gesundheitspartner begann an einem Nachmittag im Herbst 2019. „Da hatten wir ihn als Speaker für unsere Eröffnungsveranstaltung engagiert", erinnert sich Berthold Müller, einer der drei Vincera-Geschäftsführer. Schnell war klar: Das Castle-of-Health-Konzept des noch jungen Gesundheitsunternehmens passt hervorragend zu dem, wofür der Sport-Profi steht: Menschlichkeit, Nähe und Nachhaltigkeit. „Wir wollen nicht nur unsere Patienten auf der Burg Wernberg und in Bad Waldsee hervorragend begleiten und behandeln. Am besten wäre es, wenn wir es schaffen, dass sie nur einmal zu uns kommen – und dann nie wieder in eine Klinik eingewiesen werden müssen", sagt Müller. Sven Hannawald steht am Eröffnungstag auf der Vincera-Klinik Burg Wernberg. Er berichtet anderen – auch Burnout-Patienten – über seinen gesundheitlichen und sportlichen Absturz – und seine „Landung im Leben".

2002 schon hat er festgestellt, „dass da etwas nicht so richtig stimmt". Der sportliche Überflieger hat die Signale überspielt, verdrängt, aufs Körperliche reduziert. Ist von Arzt zu Arzt gegangen – hat immer wieder die Rückmeldung bekommen „dass körperlich doch alles in Ordnung ist". Bis er dann zu guter Letzt bei einem Facharzt für Psychosomatik gelandet ist. „Der hat innerhalb einer halben Stunde festgestellt, was ich habe", erzählt Sven Hannawald. Er sei erleichtert gewesen, als die Diagnose „Burnout" endlich feststand.
Doch bis zur Genesung, betont Hannawald, sei es ein langer Weg gewesen. „Geholfen hat mir letztlich, dass es nach dem Klinikaufenthalt eine Ärztin gab, die sich jeden Tag um mich gekümmert hat", sagt er – wohl wissend, dass so eine enge Begleitung nicht vielen Menschen, die an psychischen Erkrankungen leiden, in dieser Form möglich ist. Psychisch kranke Menschen benötigten aber gerade dies: Kümmerer, die sie bei den kleinen, aber oft anspruchsvollen, Schritten zurück ins Leben an die Hand nehmen. „Hätte es damals schon solch ein Angebot wie heute auf der Burg Wernberg gegeben – das wäre genau das Richtige für mich gewesen", schwärmt der Spitzensportler. Heute ist er für die Klinik-Gruppe als Botschafter in Sachen Burnout, als Peer, als bestes Beispiel unterwegs, dass man es raus schaffen kann aus diesem tiefen Tal – wenn man dies nur mit aller Kraft möchte und die richtigen Menschen hinter sich, die besten Therapeuten

nachhaltige GESUNDHEIT

um sich, und eine abgestimmte, nachhaltige Therapie vor sich hat. Nachhaltigkeit in der psychosomatischen Versorgung – das ist Sven Hannawald eine Herzensangelegenheit. „Wir brauchen mehr als nur die Klinik und den Arzt oder Therapeuten. Wir brauchen Menschen, die die Betroffenen über eine längere Zeit begleiten", sagt Sven Hannawald.

Wir brauchen innovative Ansätze, integrierte Konzepte – und Mut, neue Wege zu gehen. Auch, wenn wir mit diesen (gesundheits-)politisch vielleicht beim Einen oder Anderen anecken: Es geht nicht nur um die Abwesenheit von Krankheit, sondern Gesundheit für Körper, Geist und Seele. Das alles zusammen anzupacken: DAS MACHT SINN!

Wolf & Brenner GbR
machtSINN
Landkreis Miesbach
Mobil: 0049 (0) 172 820 92 62
servus@machtSINN.bayern
www.machtsinn.bayern

Christian Bremm
Tinyhausen
Dürnbachstrasse 54a
83727 Schliersee
Mobil: 0049 (0)157 88939120
www.tinyhausen.de
info@tinyhausen.de

Matthias Durst
Die Grasdruckerei
Eine eingetragene Marke der
e.kurz+co druck und medientechnik gmbh
Kernerstraße 5
70182 Stuttgart
Telefon: 0049 (0)711 16 652-71
www.diegrasdruckerei.de

Maria & Rudolf Finsterwalder
Finsterwalderstraße 5
83071 Stephanskirchen
mail@finsterwalderarchitekten.com

Adressen

Markus Hahnel
markus@genussgemeinschaft.de
Projekt ZUTISCH-BESSER-ISS-DAS.DE
www.zutisch-besser-iss-das.de
Genussgemeinschaft Städter & Bauern e.V.
Holzstr. 15 b
80469 München

Dr. Marie-Luise Meinhold
ver.de für nachhaltige Entwicklung e.G.
ver.de Projektgesellschaft AG
Frundsbergstr. 23
80634 München
www.ver.de

Ursula Mock (CEO)
Telefon: 0049 (0)176 70 36 77 46
info@hanfliebe.com
www.hanfliebe.com

Rainer List und Cornelia Schönhofer
Stadtwerke München, Wassergewinnung
Reisachstr. 1
83629 Thalham

Cornelia Wanke
Strategie & Kommunikation
c.wanke@wankeconsulting.com
Telefon: 0049 (0)171 215 89 54
Vincera Holding GmbH
Franz-Volk-Str. 5 a
77652 Offenburg